教会と疫病

パンデミック下で問われたこと

信州夏期宣教講座［編］

野寺博文・金道均・星出卓也［著］

のことば社

はじめに

信州夏期宣教講座 世話人代表　星出卓也

二〇一九年十二月に中国の武漢で新型コロナウイルス感染症第一号が発見された時は、この感染症が社会をここまで動かすおおごとになるとは想像もできませんでした。その後、あっという間に日本においても感染が拡大し、非常事態宣言が二〇二〇年三月に始まる前後を境に、世論は大きく塗り替わりました。戦後の日本社会も、日本の教会もパンデミックという事態の対応に初めて迫られました。今回のパンデミックは、この日本社会の脆弱性を明るみにし、病室数の減少、非正規雇用の拡大、貧困格差の広がりの深刻さを露わにしました。

そして、日本の教会もまた礼拝の対応等に追われる中、自分自身の教会としての在り方を問われ続けた日々だったのではないでしょうか。二〇二〇年から三年以上続いているパンデミックという事態に、教会は何を問われてきたのか。この事態に教会がなしたこと、できなかったことは何であるのか。もう一度立ち止まって考える必要を受け止めて、二〇二二年の信州夏期宣教講座は「教会と疫病」をテーマに学習と討論を行いました。その学びの集大成が本書となります。

野寺博文牧師から「疫病と教会の歴史」と題して、キリスト教会が疫病と取り組んだ歴史を紐解いていただきました。マラリヤ、ペスト、天然痘、コレラ、チフス等の疫病が拡大し、人口の二割、三割が死に至る非常事態に際して、教会はこの災難に秘められた神の意志を受け止めて、大勢の人が死の恐怖におびえる中、死に打ち勝った復活の信仰に立って、人々に奉仕をした信仰の足跡を残しています。この時の教会が疫病から受け止めたことは、今日の私たちにも非常に大切な教訓となっていることを覚えます。今回のパンデミックに際して日本の教会が欠けていた視点は何であったか。今回のパンデミックを通して、私たちが問われていたことは何であったのかを問いかける内容となっています。

金道均伝道師から「教会は疫病をどう見るか――悪と苦難の神学《神義論》より」と題して、特に疫病や災害を定められる神の神義論について紐解いていただきました。現代神学から展開される、悲惨な災いを許される神は義なる神でありうるのか、という問いを複眼的に論考してくださいました。教会内の視点のみならず、教会外の哲学の視点からも学ぶことができました。

最後に、ヨハネの黙示録から六章を中心に、災害を決定し行われる神のみこころ。特に教会に対して置かれたみこころを探りました。

信州夏期宣教講座は、社会のさまざまな事象を取り扱いつつも、教会の福音宣教の課題としてこれらを取り組み、この時代において主に従う信仰に生きる教会をいかに形成することができるかの視点に立って毎年の学びを重ねてきました。今回のパンデミックに際して諸教会が取り組まれた労苦が、きっとこの後の福音宣教の大きな足がかりとなることでしょう。本書がその一助となることを心から祈っています。

あらためていのちのことば社編集部の方々の労苦に、心からの感謝を申し上げます。

二〇二三年七月

目次◉教会と疫病

疫病と教会の歴史

装幀＝長尾優

疫病と教会の歴史

日本同盟基督教団・赤羽聖書教会 牧師　野寺博文

はじめに

二〇一九年十二月に中国で最初の感染者が報告されてから、わずか数か月で世界中に拡がった新型コロナウイルス感染症（COVID-19, 以下「新型コロナウイルス」「新型コロナ」）は、日本でも多くの人が感染して亡くなったことは記憶に生々しいところです。この世界的な大流行は、さまざまな意味でこれまでの価値観や常識、生活様式、社会のあり方を考え直させられる契機となりました。

この波に教会も影響を受けました。その中でも大きな影響は、集団感染を防ぐため、多くの教団と教会が日曜日の礼拝に集まるのをやめたことです。集まって礼拝する教会も、礼拝後の昼食の給食をやめました。そして、オンラインによる礼拝や会議が普及しました。

このようなことは、少なくとも私の記憶するところでは初めてです。これまでは別の観点から教会のあり方を考えてきたのですが、さすがに疫病のことは考えてこなかったので、どうして神がこんなことを起こされたのかと考えさせられました。十一年前の東日本大震災では、教会の危機管理と社会的責任、そして何より原発問題について考えさせられましたが、この度のことはまた新たなチャレンジです。

でも、調べてみると、疫病は人類の歴史に宿命的な課題であることがわかりました。この問題への理解を深めることは、これからの宣教に必要な努力だと思いました。とは言え、私は感染症や衛生の専門家ではありません。他の人が書いたいくつかの本を参考にしながら、自分の意見を述べてみます。

ここに記す内容は、新型コロナが最も流行していた二〇二〇年八月から十回にわたって説教したものを一つにまとめて、それに加筆したものです。これから教会に仕える人たちへの何らかの助けになればと祈ります。

疫病は神のさばきか

一言で「疫病」と言ってもさまざまです。広辞苑では「流行病、伝染病、はやりやまい」とあります。たとえば、マラリア、ペスト、天然痘、コレラ、チフス、梅毒、インフルエンザ、エボラ出血熱、SARS、MERSなどがそれです。

「疫病は神のさばきか」という議論があります。キリスト教会では伝統的に、大きな地震や疫病のような自然災害が起こるたびに、それが神のさばきであると理解してきました。でも近代になって、地震や疫病を科学的に解明しようとする合理主義的な動きが起こります。そして、疫病のメカニズムが科学的に解明されるにつれて、教会の側でも疫病が神のさばきだという表現を弱めてきました。とは言え、どんなに疫病のメカニズムを科学的に解明できたとしても、それで疫病が地上からなくなるわけではありません。疫病に罹患する人や疫病で亡くなる人はいつまで経ってもいなくなりません。そこで、私の立場を最初に明らかにしておくと、以下のようになります。

まず、疫病の究極の原因は神によるということです。ただし、そこには、神のさばきによるという側面があり、同時に神の恵みによるという側面もあります。そして、神のさばきという側面について言えば、「それではいったい何が神にさばかれているのか」という問いが考えられます。でも、それについては最終的にはわかりません。たとえば、八世紀にコンスタンティノープルで起こった疫病をめぐってこんなことがありました。当時、それが神のさばきという認識では一致するも、それでは何が神にさばかれたのかという点については、イコン崇拝への神のさばきと主張する者がいる一方で、正反対にイコン崇拝者を迫害する帝国への神のさばきと主張する者もいます。結局は、神が下す自然災害を人間が自分に都合のいいように解釈するのですから、このことは昔のみならず今も同じです。つまり、最終的に何が神にさばかれているのかを判断するのは、極めて難しい課題であり、慎重を要します。

でも、このような決定的な制限がある中でも、調べてみるとわかってくることもあります。たとえば、疫病の流行には、侵略とか人の貪欲によって被害が拡大するといった〝人災〟という側面があります。つまり、人の罪深さが疫病を拡大させた、その意味では神がそれを打たれた、人の貪欲に神が警告を発したのではないか、といういくつかの問題については解釈が可能かと思います。それで、ここではそれに絞ってお話ししていくことにします。

疫病が神のさばきというその一方で、同時に疫病には神の恵みという側面もあります。これは、罪への警鐘ということにも関わるかもしれませんし、あるいは、さばきと回復という聖書のテーマと関わるかもしれません。いずれにせよ、神が疫病によって破壊と災いをもたらすと同時に、疫病によって恵みをもたらすという事実も知る必要があります。それは、疫病が社会を改善し、生活を向上させ、さらには真剣に神を求めさせてきた歴史のことです。疫病の破壊的な面と建設的な面の両方を正しく知ることは、教会の宣教を考える上で大切なことだと思います。

疫病には、人が拡大させた人災という側面もある

聖書には、モーセの時にエジプトに下された疫病、ダビデの罪によって三日間イスラエルを襲った疫病など、神のさばきを思わせる疫病が出てきます。イエスさまは、世の終わりの前兆の一つとして「疫病」を挙げました。すべての用例を挙げることはしませんが、これらは神のさばきとしての疫病と言えるでしょう。

でも同時に、人が持ち運んで疫病を拡大させるということがあり、その意味では人災と言えます。たとえば、他国に侵略して疫病を持ち込む場合です。民族の大移動や帝国の興亡の陰にはいつも疫病がつきまとっていました。人類の歴史は疫病の歴史とも言えます。

ギリシャのアテネが崩壊したのは疫病によるものでした。紀元前六世紀、アテネをはじめとするギリシャの都市国家は繁栄します。アテネでは民主制が行われ、ギリシャ文化が栄えて強い国家が形成されていました。それが疫病によって没落します。紀元前五世紀半ばに始まるスパルタ、コリントとの戦争の最中、アテネは疫病で兵士と住民が次々に死んで人口の三分の一を失ったのです。この疫病がペストだったのかマラリアだったのか諸説ありますが、いずれにせよエチオピアで発生した疫病が、エジプトを経て通商国

アテネを直撃したのです。アテネでは死体を埋葬する場所も不足し、神殿に遺骸が山積みされました。海上交易の覇権で繁栄して最強となったアテネでしたが、その交易が命取りとなりました。

ギリシャの衰退後、紀元前四世紀に東地中海で強大となったのは、ギリシャの北にあるマケドニアです。アレクサンドロス大王は、ギリシャの支配だけでは満足できず、東方遠征に出かけてインドにまで支配を及ぼしますが、志も半ばに野望は打ち砕かれます。マラリアによって病死したからです。マラリアを媒介するハマダラ蚊の一撃で、三十三歳の若さであえなく死んでしまいます。こうして大帝国はあっけなく崩壊します。疫病が帝国拡大の野望を打ち砕いたのです。

その後、地中海を制したのはローマでした。ローマは紀元前二世紀には地中海を征服し、紀元四世紀まで大帝国として繁栄します。イエスさまとパウロが登場する時代が、この「ローマの平和」の時代です。でも、そのローマもまた宿命的な問題を抱えていました。それは本拠地イタリア半島での人口の停滞です。その原因の一つとなったのがマラリアの蔓延です。当時、ローマは湿地が多く、マラリアを媒介するハマダラ蚊が繁殖しやすいので、ローマの住民はマラリアに悩まされました。ローマの繁栄には大量の樹木の伐採を伴います。森林は保水力を失い、洪水を引き起こして湿地を生じさせます。こうしてハマダラ蚊が大量に発生してマラリアを媒介するのでした。ローマは、本国の兵力不足を補うため、属州からも兵を採用します。一定期間兵役を務めた者に恩恵としてローマの市民権を与えて兵を集め、帝国内の治安を維持しました。これによって、慢性的な人口不足をどうにか解決していたのです。

紀元一六五年頃から、ローマでは「アントニヌスの疫病」と呼ばれる大規模な疫病が起こります。ローマでは、キリスト教徒がオリンポスの神々を怒らせて疫病が流行ったという噂が広まり、キリスト教徒が迫害されました。この疫病が何であったかについてはわかっていませんが、発疹《ほっしん》チフス、はしか、天然痘という説があります。感染すると、全身に赤い斑点が生じて、発疹となり、高熱を出します。死亡率が高く、ローマでは一日に二千人以上が死にました。全体では少なくとも一千万人が死んだと言われます。あまりに死者が多いため、他人の墓を掘り起こして、そこに身内の亡骸を埋葬する者まで現れました。法外な葬儀料を請求する悪徳葬儀屋もいたため、皇帝アントニヌスは、アテネのように亡骸を神殿に山積みにして放置するのではなく、公費で市民を埋葬しますが、彼自身も「悪疫と多くの人々の死について考えなさい」という言葉を最後に残して疫病に倒れます。この疫病の流行によって、ローマは人口を減らし、財政を悪化させて、弱体化します。危機に乗じてゲルマン人がイタリア半島を襲撃しますが、彼らもまた疫病に感染して倒れました。

この時の疫病は、ローマの帝国主義にまつわる宿命的なものでした。もともとメソポタミア地方の疫病であったものを、そこに遠征したローマ軍が持ち帰って、免疫のない帝国の市民に広まったからです。

現代の疫病は、野生動物からもたらされました。その他の天然痘、結核、麻疹といった伝染性疾患のほとんどは、一万年前に家畜化したと言われる動物からもたらされました。長い時間をかけて、人類はその遺伝的抵抗力を身につけていきました。でも、その一方で、疫病の病原体が人間社会に入り込んで風土病として定着するには、家畜を飼うだけでなく、ある程度の規模で人口が密集している必要があります。そうでないと、病原体は感染を広められないからです。畜産と農業で食糧を安定的に確保して経済的に安定した人類は、都市を築きます。

創世記四章二〇節には、神の前から出て行ったカインが町をつくり、子孫ヤバルが家畜を飼って財政的な繁栄をもたらしたことが記録されていますが、そのとおりです。畜産と農業で経済的に豊かになった都市は、農産物の余剰分を遠隔地に売買する交易を始めます。こうして古代文明は繁栄していくことになるのですが、それが同時に遠隔地にあった風土病を持ち込むことにもなり、ギリシャやローマなど古代の文明社会を苦しめたのでした。

以上見てきたように、帝国の興亡の陰にはいつも疫病がつきまとっていました。それはどうしようもない不可抗力の神のさばきとも言えますが、交易にしろ戦争にしろ、他国まで侵略して利益を得ようとする人間の貪欲がもたらした人災でもあります。他国と交易をし、他国を侵略すれば、より多くの利益を得ることができます。でも同時に、その相手の国の風土病、疫病ももらってくることとなるのでした。

性感染症の梅毒などは、性交渉によって感染するのですから、より人災性が高いと言えます。梅毒は、アメリカ新大陸の風土病の一つでしたが、コロンブスから始まる大航海時代に一気に世界へ広まります。十五世紀末、ヴァスコ＝ダ＝ガマが東インド航路を開拓するとインドに広まり、その後は日本にも広まりました。

十六世紀から十九世紀にかけて、ヨーロッパの繁栄を支えたのは奴隷貿易でした。その一つがカリブ海の砂糖のプランテーションです。ヨーロッパの商人は、アフリカの黒人をそこで奴隷として働かせます。どうしてそうしたかというと、彼らにはカリブの風土病であるマラリアに対する免疫があったからです。アフリカにはもっと恐ろしい熱帯熱マラリアがあり、アフリカの人にはその免疫があったので、カリブのマラリアにも耐えられました。そのため、黒人部隊に武器を与えて黒人狩りをさせて、奥地の黒人にカリブで奴隷労働をさせたのです。こうして多くの利益を得るのですが、それによってカリブ海の島々にもっと恐ろしい熱帯熱マラリアを持ち込むこととなってしまうのでした。

アフリカは、かつてはヨーロッパ人から「暗黒大陸」と恐れられて、植民地化を免れていた地域でした。でも、マラリアの特効薬の発見と開発によって、十九世紀末からヨーロッパの列強が続々侵入して植民地化していきます。

同じ頃、パストゥール、コッホらの功績で疫病の正体が明らかになり、その予防法と治療法が次々と開発されます。でも、疫病対策が進むと今度は別の問題が出てきます。疫病対策が進んだことで奥地の開発も進み、それによってこれまで接触のなかったウイルスに感染した動物と接触する機会が増えてきたのです。エイズウイルスは、もともとアフリカの猿が感染し、それを食べる習慣のある部族が感染して、世界に広まったと言われます。エボラ出血熱、今回流行している新型コロナウイルスは、森林に住むコウモリが感染動物と考えられています。このように、もともと接触のなかった森の奥が開発されていくことで、多くの利益を受けることができるのですが、同時に疫病の被害も受けることになるのでした。

以上見たように、文明社会と疫病は深く関係していました。疫病は、最終的には神による天災ではありますが、人間によってもたらされる人災という側面もあるのでした。

疫病は、多くの人を殺し、文明社会を破壊する

疫病は多くの人を殺し、社会を破壊します。疫病が何よりも恐ろしいのは、一度にたくさんの人が死ぬということです。致死率六〇～九〇％のペストの大流行で、十四世紀には世界の総人口の二二％（一億

人）が死にました。地域によっては四、五割が死んだところもありました。日本でも、八世紀に天然痘が流行したとき、当時の総人口の約三割に当たる百万人が死にました。

それに加えて、疫病はその国の経済にダメージを与え、場合によっては国を滅ぼしてしまいます。人が死ぬことで労働力が失われるのですから、国は滅びます。紀元前五世紀の疫病で、古代アテネでは人口の三分の一が死にました。二世紀半ばの疫病ではローマの三分の一の人が死に、六世紀のペストでは東ローマ帝国の半分の人が死にました。マケドニアの崩壊、中国の隋、唐の滅亡、さらには日本でも平家滅亡の背景には疫病が影響していました。

「ユスティニアヌスのペスト」と呼ばれる、六世紀にペストが大流行した時の様子について、教会史家エフェソスのヨハネはこう記します。

「あらゆる点で、すべてのものが無に帰し、破壊され、悲しみに変わった。……そして、売買は途絶え、とてつもない財を蓄えた店や、金貸しの大きな店が潰れた。その後、まるで滅びたかのように、街全体が機能停止に陥った。……このようにして、すべてが途絶え、止まったのである。」

（エフェソスのヨハネ『年代記』）

人と国を滅ぼすことに加えて、疫病はパニックをもたらします。十四世紀にペストが流行したとき、恐怖のあまり人々は、「自分のこと以外は頓着せず、自分の町、自分の土地、自分の親戚、自分の財産を棄てて」ひたすら逃げました。いち早く逃げたのは、司教や枢機卿《すうきけい》といった教会の高級聖職者たちでした。

「ほとんどすべての人が……ペスト患者やペスト患者が触れたもの一切から遠ざかろうと必死でした。そうすることで我が身を救おうと願ったのです。……何しろこの悲惨事は男女の心を異常な恐怖で満たしたので、兄は弟を、叔父は甥を、姉は弟を、またしばしば妻は夫を見殺しにしました。中でも、最も恐ろしく、殆《ほとん》ど信じられないことは、両親が我が子を、まるで我が子でないかのように、見舞いもしなければ看護もしなかったのです。……町の通りでは、昼となく夜となく多くの人が死んでいきました。家の中で息を引き取り、腐敗した肉体が発する悪臭で初めてその死が知られることになった人々もたくさんいたのです。」

（ボッカチオ『デカメロン』より）

日本では疫病が流行したとき、疫病の患者を生きたまま焼き殺すという酷《ひど》いこともありました。一八八六年にコレラの流行がピークに達した東京では、患者を強制収容する病院が五つありましたが、到底足りません。それで、重患は死ぬのを待たずに火葬場に送られました。

『女工哀史』には、大阪のある工場で、一人のコレラ患者を隠匿して寄宿舎全体にコレラが拡がったので、患者を皆殺しにしたという悲惨な話が紹介されています。

「患者と診《み》たものは全部助からぬ者と断定し、余計な費用や手数を省くため、医師を買収して毒薬を調達させ、患者の飲み薬の中へ混ぜたのである。薬を飲むや、忽《たちま》ち患者は七転八倒の苦悶を始めて遂にばたばたと虚空を睨《にら》んで息引き取るのであった。すると、それを薄々覚《さと》った他の患者は口をつぐんで飲まない。すると会社は荒くれな人夫に命じて手足を抑えて口を割り、嫌でもそれを飲ませねばおかないのである。」

それから証拠隠滅のため、親に会わせる間もなく急いで火葬するのですが、親が来たら「伝染病により警察の命令ですぐ焼いた」と嘘をつきます。こうして「幾百人の女が無念を呑んで帰らぬ幽鬼《ゆうき》に旅だった」というのです。

一八八五年にコレラが流行したとき、長崎の（三菱）高島炭鉱では三千人の炭鉱夫のうち半数を超える千五百人あまりがコレラのために死にました。会社は、発病して一日経つと、死んだ者も死なない者も海辺の焼場に送って、大鉄板の上で五人あるいは十人ずつ焼いたのでした。

十四世紀にペストが流行したとき、ヨーロッパでは恐怖と混乱で「死の舞踏」「鞭打ち教徒」という集団ヒステリーが起こりました。「死の舞踏」とは、ペストが来たことを知るや、人々は群れをなし、時には村を挙げて、狂ったように踊ることです。それは当時の人々にできる、病魔を逃れるための唯一のことだと理解して必死にそうしたのですが、腐った臭いを放つ遺骸、その回りで踊り狂う人々の骸骨という姿は、さまざまな絵画や彫刻にもなりました。

「鞭打ち」の行進もドイツ、フランス、イギリスなどで盛んに行われました。二列の行列で、統率者を先頭に、さまざまな絵や十字架の装飾が施された金襴《きんらん》とビロード製の深紅の旗を持った者たちが従います。全員が先に鋭い矢じりのついた三本の革紐の大きな鞭を持ち、男女とも全裸あるいは半裸、長い亜麻布の下着一枚だけ、あるいはズボンやスカートだけで、次のように叫びながら互いの体を鞭で打ち合いました。

「さあ、汝ら両手を挙げよ。神がこのおぞましい死をそらし給うように！　さあ、汝ら両腕を挙げよ！　神が我々を憐れみ給うように。イエスよ、その三つの名によって、主よ、我々を罪より救い給え！　イエスよ、御身の赤き御傷によって我らを不慮の死より守り給え。」

皮膚と肉が裂け、紫色に腫れ上がり、血が飛び散ります。周囲を囲む人々はむせび泣き、苦しみ呻《うめ》き、叫び、中には興奮して地面に倒れる者も出るほどでした。こうして彼らは一心不乱に村から村へと歩き続けました。彼らはペストを神の怒りと考えます。人々は罪を悔い改める気など持たないので、神が怒ってペストをもたらした、それで、神のさばきから逃れるには鞭打ち苦行の悔い改め以外にはなく、参加者が多ければ多いほどそれだけ一層ペストが駆逐されると考えたのです。貴族、市民、農民、司祭、修道士、神学者などあらゆる身分の人が行列に加わります。当初は一つの行列が五十人から百人の男女で行われていたのが、千人、五千人、四万人、八十万人と膨大な数に膨れ上がります。

日に三度自分に鞭打って傷つけます。しかも入浴しない、服を取り替えないといった不衛生さでは、傷口が化膿してペストに感染しやすくなります。そして、感染したまま村から村へと行くのですから、ペストの感染を抑えるどころかむしろ感染を拡大させます。さらには、行列にまぎれ込めばどんな要塞都市にも難なく潜り込めたので、犯罪者の無法行為の隠れ蓑《みの》にもなりました。それでさすがに教会も放置できず、教皇はこれを異端として加わる者を破門すると通告すると、瞬く間に運動は姿を消してしまいます。こうした「鞭打ち」の運動もまた、一種の集団ヒステリーと言うべき現象でした。

ペストによる死の恐怖は、刹那的な自暴自棄の退廃を生み出しました。一般にペストの流行時には人々の性欲が一段と強くなったことが報告されていますが、教会も例外ではなく、修道院の院長による次のような記録があります。「修道士たちは、修道院の外で食事や酒盛りをし、サイコロ遊びをし、情婦を囲っている。それどころか、聖職者の服も着ないで、私欲に駆られて両替業を営む者もいるほどだ。」

この背景には、性欲が不足している男性は体液全体が腐敗して死ぬという、当時流行していた、いわゆる〝アラビア体液病理学〟の影響があります。そこには「神に仕える方々は、性交を、楽しみのためにではなく、余分な体液の除去のために行うべき」とあり、これを真に受ける聖職者から良心の呵責《かしゃく》を取り去ってしまったのでしょう。昼夜かまわず裸で歩く女性がいたり、近親相姦《そうかん》、不純異性交遊が奨励されたりと、中世初期では犯罪とされていたさまざまな行為が、この時にはほとんど歯止めがきかなくなっていました。

また、疫病は差別を助長しました。十四世紀にヨーロッパでペストが流行したとき、多くのユダヤ人が殺されました。ユダヤ人虐殺と言えばナチスによるものが知られていますが、十四世紀にも同じようなことが起こりました。それには、当時の教会も関わっていました。「ペストを広めたのはユダヤ人」というデマが最初に流れたのは、フランスとスペインにおいてでした。それから、ユダヤ人が井戸に毒を投げ込んだという噂が広まり、スイスのジュネーブ近郊では二人のユダヤ人外科医が拷問のすえ自白します。これ以外にも、ユダヤ人が井戸に毒を投げ込んだのを見たという者がヨーロッパ各地に現れ、噂が広がりました。「毒」といっても、当時疑われた毒物というのは、バシリスク（アフリカの砂漠に生息し、一息で人を殺すと考えられた伝説上の爬虫類）、蜘蛛《く も》、トカゲ、蛙《かえる》、キリスト教徒の心臓、聖餐式のパンといった迷信のようなものです。律法の食事規定や食前の手洗いなど、ユダヤ人は伝統的な衛生の模範で感染症にかかりません。彼らはカバラーという独特の呪術に通じており、薬剤師や医師も多いためペストの毒にも詳しく、他の人を病気するために毒を撒き散らしたと疑われたのでした。

また、ユダヤ人は自分たちの宗教と独自の共同体があり、キリスト教社会と同化しません。それに、金貸し業を営むほど財政的に豊かでそれなりに社会的に成功をおさめている人も多かったので、しばしば同業者に妬まれ、債務者に憎まれました。そして、何よりユダヤ人はイエスさまを十字架につけて殺した張本人です。それで、古代教会以来、悪魔の手先とか悪の権化のように思われて、キリスト教社会でずっと迫害されてきたのでした。こうしたことから鬱積《うっせき》した不満が爆発し、ユダヤ人がペストの毒を井戸に投げ入れたというデマがヨーロッパ中に広がったのでした。

デマによって、ユダヤ人を殺戮《さつりく》する暴動が各地で起こります。その数は約三百か所に及びました。ある町では、殺したユダヤ人の死体をワインの樽に詰めてライン川に流しました。ある町では、暴徒に殺されるくらいなら自分の手で死のうと、ユダヤ教の会堂に立てこもり、建物に火を放って集団自殺しました。六千人が自殺した町もあります。ある町では、ユダヤ人たちを焼却用の建物に追い立てる途中、身ぐるみを引き剝《は》がして彼らが持っていた大金を略奪しました。この町では、そこに住んでいた約千八百人のユダヤ人の半数が焼き殺され、残りは追放されました。こうしたユダヤ人の虐殺によって、多くの人が金銭的に利益を得ます。ユダヤ人に借金していた人の負債が消滅して、丸儲けしたのです。

教会も同じように儲けました。大司教の地位を得るため膨大な借金していた大司教たちは、ユダヤ人の大量虐殺のおかげで借金が帳消しにされたのです。収奪されたユダヤ人の財産は、大聖堂の改修費にも充てられました。この虐殺事件は、ナチスのホロコーストにも似たもので、中世最大のユダヤ人迫害でした。

以上見てきたように、疫病は人々に極度の緊張とパニックをもたらしました。その結果、人々はエゴむき出しになります。自分が生きることに必死で、人のことなどどうでもいい、死んでもいいと思うようになります。「民族エゴ」も生じました。主イエスが終わりの日には「多くの人の愛が冷える」（マタイ二四・一二）と言われたとおりです。皇帝ネロの時代にはキリスト教徒が、十四世紀にはユダヤ人が、戦時下なら障害者、外国人が、そして現代においても、危機が生じると、人種差別など、人々は不満のはけ口となる「スケープゴート」を探します。疫病禍、日本では「同調圧力」の嵐が吹き荒れました。ある人がペストについてこう言いました。「ペストなど何ということもなかった。ペストに対する恐怖のほうが、はるかに手に負えなかった。」

新型コロナウイルスが流行し始めてからしばらくの間、日本では「同調圧力」のおかげで随分と不自由な思いをしました。政府の自粛要請をはるかに超えて、〝自粛警察〟が取り締まります。教会も、自ら進んで礼拝をはじめとする多くのことを自粛し、そうしない教会を「過激でおかしな教会」呼ばわりして批判する人がいるなど、さながら戦時中の教会のようでした。

とりわけ、日本では、「同調圧力」は普段は潜んでいて見えないものの、葬儀や災害、戦時には亡霊のように忽然と姿を現して私たちを支配します。これもまた疫病がもたらすパニックということができるでしょう。

疫病は、人を守る盾となり、社会を改善し、戦争をやめさせ、平和に貢献する

疫病が破壊をもたらす一方で、人々にもたらす良い影響についても十分に知る必要があります。歴史を

見ると、疫病は必ずしも悪い結果ばかりをもたらすものではありません。以下、疫病のもたらす良い影響について整理してみます。

疫病は、人類と共存してきました。そもそも疫病そのものは、どの国や地域にも昔から存在するものでした。どの国にも、その土地ならではの風土病というものがあります。それがその土地に住む人にとっては、災いとなることはあるものの、でも、一度感染して死なずに免疫を獲得するならば、今度は外敵から身を守る盾となります。

農耕により栄えたインドでは、紀元前二三〇〇年からインダス文明を形成しますが、紀元前二〇〇〇年頃から中央アジアの遊牧民アーリア人がインドに侵入して支配します。天然痘やはしか、結核は、もともと家畜に由来するものと考えられています。古代では、草原を移動するこうした遊牧民が感染症をもたらしました。彼らが持ち込んだ疫病が免疫のない都市の人々に集団感染して先住民は衰退したのです。

一方、アーリア人も、もともとインドにあったコレラやマラリアといった土着の疫病に悩まされます。それで、部族同士の接触を断つために「カースト制」という身分制を考え出したのでした。ちなみに、このうち最下層は征服されたインドの先住民、上の三つの階層はアーリア人ということになります。マラリアは古代ローマ帝国を苦しめ衰退させた疫病でしたが、同時に、十世紀以降はドイツの神聖ローマ帝国のイタリア支配を阻止する楯となります。歴代の神聖ローマ皇帝は、イタリア支配に野心を燃やすも、疫病にかかってイタリアに長く滞在することができなかったのです。こうして、ローマ教会の教皇は、マラリアを楯に、神聖ローマ帝国の征服を免れて独立し、やがては神聖ローマ帝国の皇帝を屈服させるほどの威力を発揮するようになっていきます。

このように、各国、各地方にはそれぞれ風土病、疫病があります。そこに住んでいる人にとっては、確かにそれが一生つきまとう厄介な病気であることには間違いありません。でも、同時に、その感染症に対する免疫を獲得すると、免疫のない外敵から身を守る楯となるのですから、それは神の恵みでした。

一方の、侵略者にとっては災いです。ローマの「アントニヌスの疫病」で言うと、それはもともとメソポタミアにあった感染症なのですから、そこまで征服しなければ感染することがないのです。それなのに、帝国主義の野心に燃えてメソポタミアを征服するのはいいけれど、同時に感染症も一緒にもらってくることになるのでした。

疫病が私たちの社会生活にもたらす益として、疫病が衛生を発展させて社会を改善してきたという事実は重要です。広辞苑で「衛生」を調べると「健康の保全、増進をはかり、疾病の予防、治療に努めること」とあります。医学は病人を治療しますが、衛生は病気をしないための努力です。これは疫病の歴史の中で生まれてきました。疫病は多くの人々の命を奪いましたが、その一方で新たな社会を形成しました。疫病が個人と社会をどう改善したのか、近代のフランスにおける疫病対策を例に見てみましょう。

十八世紀、フランスのマルセイユでペストが大流行しました。ヨーロッパで最後のペストの流行です。一日に百人以上、ピークには千人以上が死にました。通りはまるで墓のようで、死人と病人で覆われました。足の踏み場もありません。特にひどいのは公共の場所や教会の門で、そこに死体が折り重なるように山積みされました。医者は逃げたり感染して死んだりで、残ったのが八人（内科医三人、外科医五人）です。役人もほとんどが逃亡するという混乱の中、町の統率を任されたのはガレー船隊の司令官ランジュロンでした。

彼が最初に行ったのは、町中にあふれる腐敗した死体の片付けです。兵士と囚人に命じて異臭を放つ遺体を墓に運ばせるのですが、彼らのほとんどがペストに感染して死にました。遺体をすべて急ごしらえの共同墓地に埋葬し、病院を復旧させ、家屋と通りを清掃し、混乱に乗じて犯罪を犯す者を厳しく罰し、公定価格を設定して物価の高騰を抑えます。伝統的に、パリでは自宅にトイレがなく、通りに糞尿《ふんにょう》を垂れ流す習慣があって、それが感染源となっていたのですが、窓から糞尿や汚物を捨てることが禁じられました。こうして、約四万人の死者を出したペストはようやく終息します。

遺体の埋葬をした人が感染したと言いましたが、この時代、死者の遺体にまつわる報告が続きました。たとえばノートルダム聖堂で、死者を地下室に運んだ人が突然亡くなりました。フランス西部ロシュフォールでは、長い間閉じられていた墓を開けた三人の男がその場で死んで鉛色になりました。ブルゴーニュでは、三日前に食中毒で死んだ女性を埋葬する際、棺が開いて悪臭が広がりました。すると、悪臭を嗅いだ百七十人のうち百四十人が倒れ、司祭と助祭を含む二十五人が死にました。今の日本と違って土葬です。悪臭と感染症の問題は深刻です。それで、昔は墓地を都市から離れた場所に作っていたのですが、都市が拡大したことで埋葬地が都市の中心部に位置するようになっていたのです。墓地は都市の内部に取り込まれ、高層の建物に囲まれて、悪臭と腐敗した空気が閉じ込められる危険な場所になったのです。こうして、十八世紀後半には墓地の悪臭問題から苦情が相次ぎ、市内の埋葬が禁じられるようになります。

刑務所も疫病の温床でした。十六世紀イギリスで起こった「黒い法廷事件」「オックスフォード・チフス熱事件」では、判事、出席者三百人のほとんどが死にました。毒性の蒸気が原因というのですが、ある人はそれが地中から噴出したものと考えました。でも、哲学者のフランシス・ベーコンは、それが囚人によって刑務所から運ばれたと考えました。そう考えたのは、囚人だけが生き残ったからです。もしそのガスが地下から漏れたものなら囚人も一緒に死んだはずですが、囚人は生き残りました。

刑務所には「監獄熱」と呼ばれる疫病がしばしば流行しました。当時の刑務所は、犯罪の区別も性の区別もなく、すし詰めで収監されました。それで、疥癬《かいせん》、壊血病、潰瘍、天然痘などの疫病の温床となっていました。そして、そこから出た元受刑者たちが感染したまま各地に散って行きます。それで、これはまずいということで、刑務所の改善がなされました。こうした刑務所の改革は、受刑者のためでもありますが、同時に一般市民にとっても、自分たちが刑務所から感染しないようにという意味での「公衆衛生」から生まれた改革でもあったのです。

当時出版された家庭向けの医学書には、一日に一時間か二時間は散歩をすることが勧められています。のみならず、新鮮な空気を吸うこと、食生活に気をつけること、フランスでは長らくタブーであった入浴や水浴も勧められています。空気を入れ換えて換気することも普及しました。当時はいまだ感染症の原因が正しくわからない時で、腐敗した空気、毒気が人の健康を損ない、感染症をもたらすと考えられていました。それで、密閉された空間である船の中、炭鉱、刑務所、病院などの場所に換気装置を設置して換気することで、感染症が激減しました。こうして、病気にならない健康な体づくりで病気を予防する衛生学が大切とされたのです。これも感染症の教訓の賜物でした。

病院も劣悪な環境にありました。墓、刑務所と並ぶ危ない場所です。特に、貧しい人の入る病院では、病気の区別なく同じ病室に入れられ、しかも四〜六人が同じベッドで寝ているため、院内感染で五人に一人が死にました。これも疫病が流行してからは改善されます。

貧困対策も切実な課題でした。貧しい人は狭く、暗く、汚い、換気の悪い建物に密集して住んでいます。十九世紀にコレラが流行したとき、パリで死者が多かったのは貧しい人の住む地域でした。当時の報告書には、「病の被害は、その場所の不潔さという明白な原因によって起きる。宿の貧困状態、住人の貧しさ、特にその場所が売春に使われている時に」被害が大きくなる、と報告されています。貧困に伴う問題として、アルコール依存症、自殺、暴動、犯罪、売春、児童労働などの問題があります。悪徳は悪徳を生み、子どもに継承されていきます。悪循環を断ち切らなければならない、教育が大事だと、感染症の流行を機に貧困の問題が総合的に考えられるようになったのです。

以上見てきたように、感染症は多くの人の命を奪いましたが、その一方で、個人の生活と社会を改善してきました。特に、社会の底辺に生きる人たちに光を当てて、彼らの生活環境を改善しました。健康を増進し、病気を予防する「衛生」という新たな観点から、個人の生活と社会環境を改善してきたのです。それまでは見向きもしない囚人、病人、貧しい人の問題でしたが、感染症の問題に直面してからは、もはや自分と関係ないでは済まされません。それは、あたかも、彼らの問題は彼らだけの問題ではない、他人事ではない、あなたがたの問題でもあるのだと、神から突きつけられたかのようです。そして、疫病下における心の退廃、売春、犯罪、教育、自殺といった精神的な衛生の問題をどうしたらいいのかと言われると、教会が果たすべき役割と責任は極めて重大になります。

コレラの流行を総括したパリ市の衛生中央委員会の報告書は、自殺や飲酒、貧困に伴う一連の不道徳の問題を次のように総括しています。「人々の最も大きな慰めと、最も強いブレーキとなるのは、死後に罰や報いがあると信じることである。死後に何もないのではないかと疑うだけで、人々を不道徳にし、エゴに満ちて俗物的な感情に従う口実になる。こう言ってよければ、その疑いは社会秩序にとって最も有害だ。」

ここでは、神なき空《むな》しさ、神なき価値観の虚しさが、人々の心を荒廃させ、生活を退廃させると指摘されています。そして、死後のいのちがあることを正しく信じることこそが、人々に最も大きな慰めと生きる指針を与えるというのです。永遠のいのちの福音を宣べ伝える教会の役割の決定的な重要さが、ここに力強く説かれています。

疫病は、戦争に歯止めをかけました。戦争と疫病は宿命的に関係しています。それは、軍隊施設の不衛生さ、戦場できれいな飲み水を確保することの難しさなどに原因があります。よく知られているのはナイチンゲールの話です。十九世紀のクリミア戦争ではイギリス兵の赤痢での死者数は戦死者数を上回っていました。ナイチンゲールが派遣されて行ってみると、野戦病院では、便所桶から汚物が溢れ、周囲の床に広がり、悪臭が充満しています。下水もひどく、下水掃除をさせると、馬の死骸が二頭、それ以外にも多くの動物の死骸が出てきました。それらが下水を詰まらせていたのです。病院内にはネズミが這《は》い回り、ハエが飛び交っています。その汚染された水を飲んで、負傷兵がコレラや赤痢に罹患します。コロモジラミで発疹チフスに罹患しました。それで、ナイチンゲールは掃除と消毒を徹底して死亡率を激減させます。十九世紀でも戦場はこんな衛生状況だったのですから、これ以前の時代の酷さは言うまでもありません。でも、このように戦争に宿命的に伴う疫病が、戦争に歯止めをかけました。

十一世紀、十二世紀の十字軍遠征が失敗に終わったのは、敵と戦う以前に、マラリア、赤痢、壊血病といった疫病によって多くの兵が死んだからと言われます。赤痢菌を付着させたイエバエが食べ物に止まると赤痢菌が食べ物に付着し、それを食べた人が赤痢になります。赤痢の発生しやすい環境は不衛生で密集した場で、軍隊はその典型です。しかも、戦乱で、行く先の戦場の水は赤痢菌に侵されやすく、赤痢で倒れる人が続出したのです。第一回目は三十万人の兵のうち生き残りは二万人、二回目は十万人のうち生き残りは五千人で、戦いより疫病で死にました。こうして疫病が十字軍を敗北させて失敗に終わらせたのです。

十四世紀の英仏百年戦争では、イングランドがフランスを相手に有利に戦いを進めるものの、イングランド軍は赤痢に苦しめられて、完全勝利にまでは至りませんでした。フランス軍に大勝したクレシーの戦いでは、イングランド軍は赤痢で酷い下痢が続くので、兵士はズボンをはかずに戦いました。それを見たフランス軍の兵士は、敗れながらも、「ズボンをはかない者」「お尻丸出し」などとイングランドの兵を馬鹿にしました。進軍を続けるエドワード黒太子は赤痢で病死し、フランス宮廷を乗っ取る勢いを見せたヘンリ五世も赤痢で死んだため、フランス宮廷は乗っ取りを免れたのでした。

十九世紀、ナポレオンも疫病に悩まされます。イタリア遠征で名を挙げたナポレオンは、勢いに乗って宿敵イギリスのインド支配を牽制《けんせい》するためエジプトに遠征しますが、逃げるように帰国します。イギリス海軍に負け、本国が危機に直面していたからと言われますが、理由はそれだけではありません。次の遠征先のシリアでペストが流行していたからです。一八一二年のロシア遠征でも疫病で退却します。ロシアの「冬将軍」に敗れたと言われますが、ナポレオン軍はモスクワに到着する前に発疹チフスにやられていたのです。ポーランド、西ロシアは、衛生環境が悪く、慢性的に発疹チフスが発生する地域でした。発疹チフスは、コロモジラミを媒介して感染し、不潔で密集した場所で流行します。ナポレオン軍の兵士が民家に宿泊すると、その家のコロモジラミから発疹チフスとなり病に倒れます。加えて赤痢も蔓延しました。こうして二十六万五千の兵は、モスクワ入りした時にはその三分の一にまで減ってしまいます。疫病によって、ロシアはナポレオン軍の征服を免れたのです。

また、一九一八年のスペイン風邪の第二波は、第一次世界大戦（一九一四〜一九一八年）の終結を早めたと言われます。

ここでは挙げませんでしたが、ワクチンや抗生物質など治療法の確立した現代戦では、それをフルに活用しての防疫対策が勝敗を決すると言われるほど、疫病の影響は決定的です。以上見てきたように、戦争は疫病と宿命的に深く関わります。その中で、疫病が他国への侵略を抑制し、戦争に歯止めをかける役割を果たしたのでした。

新型コロナは、新自由主義政策の問題点を明らかにした

今現在日本と世界が抱えている問題の一つに新自由主義政策の問題がありますが、このたびの新型コロナの流行は、新自由主義政策への警鐘となりました。

医療崩壊など新型コロナ対策がうまくいかなかった背景には、福祉縮小と医療費を削減してきた「新自由主義」政策のツケがありました。新自由主義とは、その名のとおり「新しい自由主義」のことです。企業の利益を考慮して、企業が最大の利潤を得ることができるよう、税金を減らすなど、企業に有利な制度を作る政治経済体制です。その結果、労働者の権利の保護や、医療や社会保障などの国の支出ができるだ

け減らされてきました。

特に、九十年代に冷戦が終わると、途上国に進出するグローバル企業は、自国の政府に新自由主義政策を求めます。そして、途上国も、世界的な競争で自国の経済を発展させるために新自由主義を採用します。政治体制が軍事大国化を伴うのも「新自由主義」の特徴です。冷戦が終わって、多国籍企業が活動できた地域は、それまでの十億人市場から四十〜五十億市場へと一挙に拡大します。こうした市場に入って多国籍企業が安全に大もうけするためには、グローバル企業の進出先で起こる抵抗や紛争を抑えてくれる「警察官」が必要です。でも、アメリカ一国では無理なので、日本にも「共に血を流す」役割が求められ、日本も軍事大国化せざるを得ません。

安保法制、改憲の圧力、官邸主導の強権政治の背景には「新自由主義」政策があります。

「新自由主義」は三つの柱からなっています。一つ目は、労働者の賃金切り下げ、終身雇用制や企業内福利厚生の廃止です。二つ目は、法人税や富裕層の所得税の軽減です。そして、三つ目は、規制緩和です。たとえば、労働時間や労働条件の緩和、（新自由経済政策で没落する）農業や、（もともとは大企業の下請けであったが、労賃の安い海外に下請けが移転したため仕事がなくなった）弱小産業への保護の緩和、労働者の権利を守るための規制の緩和、環境保護のための規制の緩和、介護施設や保育園を保護するための規制の緩和などがそれです。要するに、労賃の切り下げや労働条件の改悪など、「途上国並みの劣悪な労働環境」を目指すということになります。

日本で「新自由主義」を本格的に始めたのは小泉政権でした。財界の強い要請を受けて、大規模なリストラ、雇用の非正規化の嵐が吹き荒れ、社会保障、医療、年金、介護、地方自治体への財政削減と統廃合を行います。その結果、トヨタをはじめとするグローバル企業には利潤の増大をもたらしましたが、非正規雇用の拡大、貧困（ワーキング・プア）、家庭崩壊をもたらします。その後、反「新自由主義」を掲げて民主党政権が誕生しますが、財界の圧力を受けて結局は「新自由主義」に回帰してしまい、それから現在に至るまで「新自由主義」の政治体制は続いています。

こうしてほぼ四半世紀にわたって「新自由主義」政治がなされてきたところで、新型コロナが襲います。つまり、「新自由主義」政策で、社会保障費、医療費が削減され、労働者と弱小産業が大きくダメージを受けているところへ、新型コロナが流行したのです。テレビでは、感染拡大で医療崩壊・病床数逼迫《ひっぱく》ということがしきりに言われていましたが、それこそ「新自由主義」政策のツケによるものでした。「新自由主義」政策で医療費が削減され、中でも病床数が減らされました。特に、人も金もかかるＩＣＵなどの「高度急性期病床」や「急性期病床」を減らします。しかも、通常は使わないけれども、いざという時のために常に空けておかなければならない「感染症病床」は非効率的で費用がかかるということで、激減させます。こうして、新型コロナが流行する前年の二〇一九年には「感染症病床」は五分の一に減らされます。重篤な感染症を受け入れるＩＣＵも減らされて、人口十万人当たりのＩＣＵの病床数は、医療崩壊を起こしたイタリアの十二床より少ない五床となっていたのでした。

同じ理由で、病院と並んで感染症対策で重要な役割を果たす保健所も減らされて、ほぼ半数になります。しかも、本来の業務である公衆衛生、感染症対策のみならず、精神保健や障害者の対応、児童虐待、介護、福祉、災害対策までも担当させられていました。そのため、新型コロナ前から業務が過密であったにもかかわらず、それに加えて新型コロナの対応までさせられて、パンクしたのでした。また、新型コロナは貧しい労働者を直撃しました。もともと、「新自由主義」によって低賃金で働かされ、非正規とされ、長時間労働をさせられた、労働者の過労による自殺が問題になっていました。それが、新型コロナによって、非正規労働者の雇い止め、解雇、休業手当なしの休業が一気に拡大します。介護施設や保育園も、ただでさえ予算削減で人手不足と苛酷な労働を強いられていましたが、新型コロナでクラスターの危機に怯えながら経営危機に直面しました。このように、新型コロナに十分な対応ができなかったのは、「新自由主義」政策による「不要不急」予算の削減と地方行政の切り捨てによるものでした。

このように、今や世界的な潮流である「新自由主義」の問題点を、新型コロナが明らかにしたのです。

疫病と教会の宣教

疫病の中で、教会の宣教は前進してきました。これまで疫病がこの世にもたらした悪い影響と良い影響を考えてきました。ここでは、こうした疫病が流行する中で、教会はどうしたのかを見ていきましょう。教会は疫病禍にも宣教をやめませんでした。それどころか、疫病禍の中で、教会の宣教は前進してきたのでした。

「弟子たちは、アンティオキアで初めて、キリスト者と呼ばれることになった」（使徒一一・二六）とあるように、紀元四三年頃、初代教会は疫病の患者をよく世話しました。一般に、疫病を患うと周囲の人々は逃げていくものですが、教会では違いました。教会では、自分が感染することも恐れずに信仰の家族を介抱したのです。それで、皇帝（カイザル）の親衛隊（カイザリアニ）、ヘロデ党（ヘロディアノス）という呼び名に似せて、主の命令を忠実に実行する彼らは「キリスト者（クリスティアノス）」と呼ばれるようになりました。

ローマ帝国を衰退に追い込んだのは「キプリアヌスの疫病」（紀元二五一～二七〇年）です。二十年間で八人も皇帝が交代する滅茶苦茶な時代です。ある皇帝はゲルマン人、ペルシャとの戦いで戦死し、ある皇帝は親衛隊や司令官、兵士に殺され、殺されなかった皇帝も疫病で死にました。平均して三年もたない無力な皇帝たちには、疫病に有効な政策をする余裕もありません。

こうした政治的な無策と無力の中、ローマ市民に大きな光となったのはキリスト教会でした。カルタゴの司教キプリアヌスは、悪霊払いの祈禱で病人の治療を試みます。「キプリアヌスの疫病」とは彼の名にちなんだものです。当時の教会には、現代から見ると未熟でも、それなりの医療の知識と技術がありました。彼らは疫病に苦しむ人を懸命に看護して助けます。今日の病院のルーツです。当時のローマにはそんな奇特な団体は他にありません。病人が快復すると「キリストの奇跡」と呼ばれます。癒やされずに患者が病死したら、教会は手厚く弔います。教会は天国の希望を説きます。こうしてローマ市民はそこにキリストの栄光を見たのです。キプリアヌスは、ペストについて、キリストを信じて死ぬ者は永遠のいのちの救いに至るのだからむしろ喜ばしいと、天国の希望を次のように力強く説きました。

「我々の多くはこの病で死ぬだろう。つまり、我々の多くはこの世から救われるということだ。この死はユダヤ人や異教徒やキリストの敵にとっては災厄だが、神に仕える者には救いへの旅立ちである。人々が正しい人も邪な人も区別なく死んでいくからといって、邪な人も正しい人も同じように滅びると思ってはならない。正しい人は救いを約束されているが、邪《よこしま》な人は苦悶を約束されているのだ。」

こうして疫病下で福音宣教は大きく前進し、四世紀にはローマ帝国がキリスト教を公認するに至ります。五世紀に西ローマ帝国が崩壊し、六世紀前半にはゲルマン人東ゴート族がイタリア半島を支配します。ヨーロッパが混沌とする中、人々に尊敬されたのが、キリスト教会、修道院、中でもベネディクト修道院です。彼らが人々に支持されたのは、魂の救いの宣教も重要な理由ですが、それと共に医療奉仕をしたからです。修道院には医療の知識と技術があり、修道院は病院として機能していました。

民族の移動とそれに伴う紛争で、衛生環境が悪化し、疫病が蔓延する中、修道院には現代のような医療の知識も技術もありませんが、それでも、できるかぎり精一杯、誠心誠意、病人の治療に取り組んだのです。病気が治ると「キリストの奇跡」と呼ばれます。そこにキリストの愛を見た人が信仰を深めました。

十四世紀、フランスのロクスは、患者の頭上で十字を切って祈ることで多くのペスト患者を癒やして、後にペスト聖人と呼ばれます。でも、教会は単に祈りによって慰めを与えただけではなく、看護と牧会において精力的に活動しました。たとえば、ウィーンの司祭たちは四六時中病人を訪ね、介抱し、慰め、力づけました。ペスト患者の療養施設は、患者が自分の糞尿にまみれて寝ていたと言われるほど不潔で、悪臭がひどく、狭い、最悪の環境です。

司祭たちは、三人も四人も収容されている狭い部屋に入り、時にはそこに横たわっている死体をまたいで、患者に秘跡を授け、施設の燻蒸《くんじょう》(当時の毒消し)を手伝いました。そして、修道士たちは献身的に看護をしました。患者の世話をする人が司祭と修道士以外にはいなくなるということがしばしば起こりましたが、そのような状況でも彼らは奉仕したのです。でも、その結果、多くの司祭と修道士がペストに感染して死にました。彼らはいのちがけで患者を助けたのです。

教会は性感染症防止のために生活倫理を教育しました。医療的な治療や看護のみならず、生活倫理を教育することによっても、教会は疫病の予防に努めました。四世紀には、性感染症の淋病《りんびょう》がヨーロッパで流行しました。中央アジア、東アフリカから侵入したと考えられていますが、外来の疫病なのでヨーロッパ人には耐性がありません。それでヨーロッパに拡がりました。そのとき、アンブロシウスとアウグスティヌスは、性の乱れを戒めて性倫理を正しました。それによって淋病の拡大防止に努めたのです。疫病との関わりであらためて考えてみると、十戒の第七戒は性感染症に対する予防策でもありました。

これまで見てきたように、主の弟子たちは復活の主の宣教命令に忠実に従って、時が良くても悪くても主の栄光をあらわしました。どんな時代にも人々は永遠のいのちの福音を必要としています。疫病の蔓延する苦しい時代にも変わることなく教会が宣教することで、福音は世界に拡がってきたのです。

既存の価値観が崩壊し、真理を求めて教会改革運動が起きました。十四世紀にペスト（黒死病）がヨーロッパに流行したとき、少なくとも三分の一の人が死にました。皇帝も国王も王女も貴族も死にます。誰であれ容赦なく死にました。教会も同じです。教会の牧師の四割が死にました。カンタベリーの大主教も就任してわずか二か月で死にました。そういう中で、人々は死の恐怖に憑《と》りつかれます。頼りにしていた教会も頼りになりません。既存の価値観が崩壊してしまいます。心も荒廃しました。

その一方で、良い意味で人生観が変わった人もいます。ある人は教会堂を建築し、修道院をつくり、年に一度の聖体拝領《せいたいはいりょう》では足りないと、自分で用意した聖餐のパンをできるだけたくさん食べるという新たな習慣が生まれました。

そのような中で、聖書を真剣に学ぶ人たちの群れが起こります。オックスフォード大学の教授で、牧師をしていた、ジョン・ウィクリフのグループです。ウィクリフは「ロラード派」と呼ばれるグループを形成しました。カトリックは信用できない、いい加減なカトリックの教えではなくて、本当のことを知りたいと、真理に飢え渇いた人たちが聖書を学び始めたのです。自分の目で聖書を読んで、自分の頭で考えたいという人たちの流れは、宗教改革につながります。彼らは、自分もいつ死ぬかわからないという中で、地上の宝ではなく、死んでもよみがえる永遠のいのちこそが唯一の希望であることを悟ったのでした。

イギリスでは教会の聖職者の少なくとも四〇%が死に、聖職者が一掃された教会もあったので、聖職者不足は深刻でした。それで人材不足の解決のため、司祭の年齢制限を緩めて二十五歳から二十歳に引き下げます。こうした聖職者の不足は、ウィクリフを中心とする「ロラード派」を各地に広める結果にもなりました。彼らはオックスフォード大学のセミナーでウィクリフから聖書を学びます。聖書を知らない新任聖職者や修道士より確かな聖書知識があります。直接聖書を読むので信仰も揺るぎません。人材不足で不勉強なレベルの低い聖職者よりはるかに優れた伝道者です。それで、都市や農村の霊的に飢えた人々に瞬く間に広がります。しかも、ロラード派では、女性に説教することを認めたので、女性も積極的にこの運動に関わりました。それまではあり得なかった画期的なことです。これもまた疫病がもたらしたことでした。

ウィクリフは、教会の世俗化を批判し、当時のローマ教会を批判します。もともと教会には莫大な財力と強い権力が集中していましたが、ペストの流行で教会にますます土地が寄進されます。「教皇以上に財産を持つ者はいない」「教皇があたかも地上では神であるかの如く」まつりあげられているとウィクリフは批判します。「『教皇』という呼び名は害毒を隠している」とウィクリフは教皇の異常に抜きん出た権威を批判します。そして、聖職者はすべて平等であることを提案しました。こうした教会批判が当時の領主や民衆に支持されて、ウィクリフは一躍時の人になります。

聖餐式の実態変化説も批判します。聖餐論は魂の救いに関わる重要な教理です。当時のローマ教会は聖餐式のパンとぶどう酒がそのままキリストのからだと血に変化すると教えていました。でも、本当にそうなら偶像崇拝です。そこにあるのは信仰ではなく魔術的な迷信です。聖餐はあくまで霊的なことで、信仰が重要なのであって、「魂が実りある信仰によって養われることに他ならない」と言います。当時の礼拝《ミサ》は聖餐式が中心で、説教はありません。それなのに、その聖餐式が偶像崇拝なのですから、そんなものは礼拝とは呼べません。それで、儀式より聖書を説き明かす説教が信者の信仰を高めるのに益となると教えて、説教中心の礼拝に改革します。今日のプロテスタント教会の礼拝の原型です。当時は、生半可な聖書理解で物語をでっち上げるような説教が多く、中でも極めて非聖書的な脅しで免罪符を売っている托鉢《たくはつ》修道士たちを、ウィクリフは詐欺師だと厳しく批判しました。

これまで見てきた教会批判は、要するに神の救いを見えなくする妨害を取り除いて、教会を改革するというものです。ペストでいつ死ぬかわからず、死んでも天国に行けるよう救いの真理を知りたいのですが、当時の教会が教えることは聖書にないデタラメばかりです。それで、ウィクリフはラテン語に通じる聖職者しか読めなかった聖書を、誰でも読めるよう母国語の英語に翻訳します。これにより、貧しい者も女性も子どもも、自分で聖書を読んで自分の救いを確認できるようにしたのです。大司教は聖書を翻訳した者を破門にすると警告しました。こうして民衆や貴族、王族の間にまで爆発的に広がったウィクリフの運動でしたが、異端とされたことで、ウィクリフの書物は焼却され、ロラード派の人たちも次々に火刑に処されて殉教しました。

ウィクリフは死にましたが、その働きは死にません。ロラード派は農村で静かに活動を続けます。ローマ教会からの独立の思想はイギリス国教会の成立で実現します。ローマ教会への批判と改革の思想は、プラハ大学学長ヤン・フスを通じてボヘミアに広がり、聖書翻訳はティンデルにより完成し、二世紀後の宗教改革で一気に開花します。イギリスの教会改革の火は消えることなく、ボヘミア、さらには十六世紀のヨーロッパに拡がります。

ウィクリフと並んで当時のローマ教会の腐敗を批判した人物に、ボヘミアの改革者ヤン・フスがいます。フスは、一三七三年ボヘミア南部の貧しい農家の家に生まれます。プラハ大学で神学を学び、一四〇二年にプラハのベツレヘム礼拝堂の説教職に赴任します。このとき、すでに英国の改革者ウィクリフの著作がチェコ人留学生によってボヘミアに持ち込まれ、プラハ大の教師と学生の間に影響を与えていましたが、フスもこれに加わります。しかし、ウィクリフは英国では異端とされた人物です。著作は焼却処分されました。焼却を免れた著書がチェコに持ち込まれ、大学を中心に大流行したのです。そんな中、ウィクリフ派のリーダーのように思われていたフスは、国王の後押しもあって三十八歳でプラハ大の学長になります。

しかし、それから間もなく弾圧が始まります。プラハの大司教がウィクリフの神学がボヘミアに広まっていることを教皇に訴えたため、教皇はウィクリフ派をボヘミアから一掃することと、教区教会と修道院付属教会以外での説教を禁止することを命じました。これにより、大学が管理するベツレヘム礼拝堂での説教を禁じられるのですが、大学はこの命令を拒否します。フスはベツレヘム礼拝堂に殺到した三千人の市民に説教しました。

「勅令はキリストと使徒に反して使徒的ではない。キリストは、海で、荒野で、野原で、家で、教会堂で、村で、路上で民衆に説教し、さらには『全世界に出て行って、すべての造られた者に福音を宣べ伝えよ』と弟子に命じられた。」

「正道を踏み外した教皇に抵抗することは、主キリストに従順であることだ。」

こうして、フスは、神に背く教皇よりキリストに従うよう説教します。激怒した大司教は、ベツレヘム礼拝堂の閉鎖とフスの破門を宣告します。

フスによると、地上の見える教会（ローマ教会のこと）が必ずしも真の教会ではありません。地上の教会には、麦と毒麦、神に選ばれた者と神に見捨てられた者とが混在しています。体には、体そのものと、糞や汗や腫れ物といった老廃物のように、今は体と一緒にあってもやがて外に排出されるものとの二種類があります。このうち、神に敵対する反キリストは老廃物ということになります。それでは、どのような者が真の教会に属する者で、どのような者が教会に属さない者になるのでしょうか。教会のかしらキリストに従う者はキリストのからだであり、キリストに従わない者はキリストのからだではなく、老廃物、神に見捨てられた毒麦ということになります。そして、このことはローマ教会の教皇にも言えることで、主に従うかぎりにおいてはキリストに属するけれども、さもなくば反キリスト、悪魔の手下にすぎないということになると、ローマ教会を真っ向から批判します。

当時、ローマ教会では、教皇が教会のかしらで、その下にある十二人の枢機卿（教皇の顧問機関）がそのからだであると教えていました。フスはこれを否定します。ローマの教皇や教会会議が言うことより使徒パウロの言うことのほうが正しい、教会のかしらはあくまでキリスト、キリストのからだは神に選ばれた者たちで、かしらであるキリストのみこころを行うのがキリストのからだなる教会だ、教会の歴史を見ると、多くの教皇は誤りを犯した、だから教皇の言動を聖書からよく吟味しなければならないとフスは言います。つまり、教皇から出される命令がキリストの命令ならば「その命令には恭しく服従しなければならない」けれども、「教皇の命令がキリストの命令に反していたり、教会に害悪をもたらすならば、その時には罪の共犯者にならないために、大胆に抵抗しなければならない」というのでした。

具体的には、聖職売買、免罪符の販売などの問題があり、これらについてフスはローマ教会を聖書的でないと批判したのです。こうした批判は、地上の教会を絶対視せず、聖書によって教会を改革しようとする十六世紀の改革者と同じ教会観でした。

フスは、ウィクリフの教えに影響された異端の罪に問われて、コンスタンツ会議の審問にかけられます。そこで自説の撤回を迫られますが、それを拒否したため、一四一五年、火あぶりの刑に処されます。火刑台に立たされ、衣服を脱がされ、首を鎖で柱につながれて、回りには藁と薪が山と積まれます。「私は、私が書き、教え、説いた福音の真理のうちに今喜んで死ぬ」と言い終えぬうちに炎に包まれて、フスは殉教します。

でも、フスの改革運動はこれで終わりませんでした。福音的説教の自由、聖職売買の禁止などを信条として独自の集会を持つフス派、武力による抵抗も辞さずという急進派がターボル山で独自に礼拝を持って教会の改革運動を継承します。そして、ローマ教会が彼らに破門を宣告するや、フスが殉教した四年後、激怒した市民たちによってボヘミア全土に改革の火の手が上がり、国を二分する大きな戦争になります。

こうして、フスの影響を受けたフス派は、後には「兄弟団」「ボヘミア兄弟団」「モラヴィア兄弟団」と呼ばれ、宗教改革の時にはルター、さらにはカルヴァンとの関わりを深めながら独自に継続していきます。

十六世紀、ライプツィヒでの討論の中で、論敵エックから「きみは教皇の権威を否定したヤン・フスと同じ過ちを犯している」と指摘されたとき、ルターは即座に「断じて違う！」と怒鳴ります。でも、昼食の休憩時間に大学の図書館で、フスの裁判記録を読み返しみると、実はフスの教会観とローマ教会への批判が自分の考えと全く同じだとわかって驚きます。そして、こう考えを訂正するのでした。

「私は間違っていた。ヤン・フスのある信条は福音的である、という声明を私は取り消す。私は今はこう言う。『ヤン・フスのある信条ではなく、全信条は、反キリストと、サタンの会堂における彼の使徒たちから非難された。』……最も聖なる神の代表者よ、あなたに面と向かって、私は憚《はばか》らず言う。ヤン・フスの非難された全ての信条は、福音的で、キリスト教的であるし、あなたのは全く不敬虔で悪魔的だ！」

破門を宣告されるルターに、フス派の兄弟たちから手紙が届きました。「フスがかつてボヘミアにいたように、マルティンよ、あなたは今ザクセンにいるのです。しっかり頑張ってください。」これは「あなたはザクセンのフスだ」という最大の賛辞です。これを受けて、ルターは言いました。「みんなは気付いていないけれども、実は我々は全員フス派だったよ。」

ウィクリフとフスは宗教改革の先駆者と言われます。彼らは、ルターより百年以上前に、聖書から逸脱したローマ教会の改革を訴えました。その改革の主張は、疫病が蔓延する時代、既存の価値観と教会観が崩壊する中で生まれたものです。ルターは、自分の救いを求めるという修道院での求道の末に、聖書から信仰義認の真理を発見します。ウィクリフとフスは、疫病で社会全体が死の恐怖に直面し、既存の教会の教えの真偽が根底から問われる中で、聖書から救いの真理を見出します。ルターと先駆者たちは、神の救いを見えなくしている妨害を取り除こうと、当時の教会を批判し、教会の改革を主張したのでした。

このように、疫病によって教会は自分たちの宣教の本質を問われました。誰もが死の恐怖に直面する中、「先生方。救われるためには、何をしなければなりませんか」（使徒一六・三〇）とまじめに求道する者に教会はどう答えるのか、福音宣教の原点を確認するよう教会は主から問われたのでした。

人は死ぬという問題

疫病は人は必ず死ぬという事実を突きつけます。疫病の恐ろしさは、一度に多くの人の命が失われるということです。しかも、かつてはその原因もよくわかっていなかったのですから、目に見えない敵に次々襲われてバタバタと死んでいくという恐怖はどれほど大きかったことでしょう。疫病は、人は必ず死ぬという現実を人類の目の前に突きつけてきたのです。

古代では、病や災害、死の問題を神との関わりで考えました。「疫病」の正体などわからない時代です。神が見えない不可思議な災いを起こすと普通に考えます。病いは死に直結します。人はどうして死ぬのか、そして死んだらどこへ行くのかという死の問題は、古代人には最も切実です。神が人にいのちを与え、いのちを奪い、死んだら人を天国か地獄に送ります。そういう中で、人は死の問題を考えさせられます。同時に、自分が何のために生きるのかを考えました。こうした伝統的な考えは近代まで続きます。

でも、近代になると別の世界観が台頭します。科学的なものの見方です。転換点となったのは、六万人の死者を出した十八世紀のリスボン大地震です。これ以降、神が災害を下すという伝統的な理解は、地震が起こる科学的なメカニズムの解明という流れに取って代わります。人の生き死にも、神が生かして殺すというのではなく、脳や心臓といった臓器の運動によって説明されます。病気のメカニズムの解明も進みました。

たとえば、「疫病」はウイルスが体内で増殖して肺が機能不全に陥るとか、それに感染するのは誰かが咳をしたその飛沫を吸ったからとか、科学的に説明されます。そこには神の超自然的な介入を考える余地はありません。そして、病気を医学的に説明すればそれで事足りるかのように考えて、それで終わりです。こうして、一切の現象は神が引き起こすという伝統的な理解は、科学的な理解に取って代わります。死も病気も技術的な問題となり、その解決も技術的となります。癌になれば手術や抗癌剤が解決策となり、感染症はウイルスの増殖を防ぐ新薬やワクチンで治療し予防します。こうして、病を一つ一つ科学的に克服したことで、人類の寿命は飛躍的に延びました。四十歳に満たなかった世界の平均寿命は七十三歳に延び、日本人の平均寿命は八十四歳（女性八十七歳、男性八十一歳）で、ついに世界一となりました。ちなみに、二位はスイス、三位は韓国です。世界最高の頭脳の持ち主は、死の意味を考えるより、生物学的、医学的、遺伝子学的に病気に効果のある治療法を開発して寿命を延ばす研究に余念がありません。かつての神と牧師の役割は、今日、科学者と医療従事者が果たしています。

かつて、ペストでヨーロッパの三分の一が死んだ時には、教会堂を建てたり、聖書を読むようになったりと、人々は自分が死ぬ準備をしたものです。でも、科学的にしかものを考えない現代では、それを期待するのも困難です。

新型コロナウイルスの感染爆発が終息しても、それによって世の人が神に立ち帰ることを期待するのは難しいでしょう。むしろ、次に来る別の疫病への対策として、医療体制を強化しろとか、ワクチンの開発を急ぐ体制を作れとか、人工呼吸器を増やせとか、疫病を防止して人命を守ることに力を注ぐべきという主張がなされ、それが今回の感染爆発の教訓とされて、それでおしまいです。

でも、たとえ科学的に疫病が解明されて万全の対策がなされたとしても、根本的な問題はいまだ解決していません。それは人は必ず死ぬという問題です。たとえ病気を科学的に解明し、死を科学的に説明できたとしても、だからといって死の問題は解決したかといえば、何も解決してはいません。百二十歳まで長生きしても、人は最後は必ず死にます。そして、死んだらどこへ行くのか、医学も科学も教えてくれません。脳がどうとか心臓がどうとか医学的には説明してくれます。でも、それでは死んだらどこへ行くのかと聞いても、教えてくれません。教えてくれないけれども、人は確実に容赦なく死に向かっています。つまり、人はなぜ生きて死ぬのかという最も原始的な問いは、科学万能の現代においても、少しも変わることなく、人間にとって最も切実な問いなのです。

この問いに対して明確な答えを持っているのは、神のことばを委ねられた教会です。教会が世に宣べ伝えるのは永遠のいのちの福音です。これこそ死に打ち勝つ最強のワクチンであり、革命的な治療薬です。

マルティン・ルターの疫病観

マルティン・ルターが疫病をどう理解し、疫病にどう対処したのかは、現代の私たちにも参考になるので少し紹介します。

ルターの時代には、ヨーロッパで流行したペストが大きな問題でした。十四世紀には、ヨーロッパの人口の三分の一がペストで死にました。ポーランドの西にあるブレスラウでもペストが流行し、その地方の牧師たちは「このような死の危険に直面するとき、クリスチャンはそこから逃げ出すのが正しいのかどうか」をルターに尋ねます。ちょうどその頃、ルターのいるヴィッテンベルグでもペストが流行したので、ルターはその返事を公開書簡として出版します。すると、書簡は、疫病が流行る地域で何度も重版されて広く読まれ、教会の疫病対策の手引き書のような役割を果たします。それほど、当時の教会は、自分たちが経験したことのないほどの「疫病の大流行」に直面して、これにどう対処したらいいのかと真実な答えを求めていたのでした。新型コロナの流行で大変な思いをしてきた私たちと同じです。

この質問に、ルターは、たとえペストで死の危険が迫っても、安易に逃げ出してはならないと答えます。人には各々自分の担う責任があるからです。たとえば、教会では、神のことばを語ることを神に委ねられた「牧師」の責任があります。ルターは次のように言います。

「説教者や牧師のような牧会者は、死の危険が迫ってきた時、そこにしっかり残る責任があります。

私たちにはキリストの明確な命令があります。『良い羊飼いは、羊のためにいのちを捨てる。雇い人は狼が来るのを見たら逃げる』と（ヨハネ一〇・一一〜一二）。人は、死ぬ時、神のことばと聖礼典によってその良心を強め、慰め、信仰によって死に打ち勝たせる〝牧会〟を何よりも必要としているのです。」

とは言え、十分な数の牧師がいて足りている場合には、そこを離れても「それを罪とは思わない」とも言います。同様に、世の事柄に責任を負っている者、たとえば市長や裁判官なども残るべきだと言います。町を治め、支え、守るために、神がみことばによって彼らを世の権威に立てたからです（ローマ一三章）。

「社会全体を統治するよう召された者が、自分の責任を放棄し、役人も政府もないまま放置するなら、火事や殺人、反乱、その他考え得るあらゆる災難にさらされることとなり、大きな罪です。」

このことは、牧師と為政者のみならず、それ以外の関係にも言えることだとルターは言います。たとえば、親は子どもに仕えて助けるべきだし、子どもも親に仕えて助けるべきで、各々勝手に逃げたり見捨ててはならない、それが「神の命令」だと言います。賃金で雇用されている一般の労働者も同じで、勝手に自分の責任を放棄して避難してはならないと言います。疫病で死の危険が迫る中で、逃げずに留まることはいのちがけです。それでも逃げずに自分の職責を全うして隣人を助けるには、それなりの信仰が必要となります。ルターは、死ぬことも辞さないこのいのちがけの信仰を「強い信仰」と呼びました。それは

「良いこと」であり、「少数」だけに神が与えたもので、「称讃」に値すると言います。

でもその一方で、そうはできない、信仰強くは生きられない多くの「信仰の弱い人」がいることも事実です。たとえば、ペテロは、信仰が強かった時には、イエスさまのことばを堅く信じて湖の上を歩くことができました。でも、信仰が弱くなって疑いを抱いた時には、沈んで溺れかかります。ルターは、このペテロを例に挙げて、「キリストは弱い肢体を投げ捨てようとはなさらない」ので「弱い人が死なないよう気をつけなければならない」と言います。死にそうな時に自分のいのちが助かるよう「逃げる」という選択は、神が人に植え付けた「生存本能」のなせるわざなので「罪とは言えない」というのです。

このように、「強い信仰の人」が「弱い信仰の人」を罵《ののし》ることはできません。反対に、「弱い信仰の人」が開き直って自分の「弱い信仰」を正当化するために、「強い信仰の人」を狂信者扱いするのも間違いだということになります。つまり、「強い信仰」が「弱い信仰」を支配するのも、「弱い信仰」が「強い信仰」を支配するのもおかしなことなのです。

ルターは言います。

「もし、戦争が起こったり、トルコ人が攻めてきたら、逃げ出さないでその町に留まり、剣の手にある神の罰を受けるべきなのでしょうか。わかりました。信仰の強い人は留まらせなさい。しかし、避難した人たちを罵らないよう忠告しなさい。」

ルターは、疫病を、神が罪人に罪深さを思い知らせて遜《へりくだ》らせる「神の鞭」あるいは「私たちの罪のための罰」と考えます。そして、同時に「私たちの信仰と愛を試みる試練」でもあると考えます。つまり、神への信仰があるかどうかを試みる試練、隣人への愛があるかを試みる「試練」だというのです。それで、私たちのためにいのちを捨ててくださったキリストの愛を知るキリスト者は、「忍耐深く、いのちをかけて隣人への奉仕に努めるべき」だと言います。疫病という死ぬほど苦しい試練を与えることで、神を信じる私たちの信仰が本物かどうか、このような苦しい時にも隣人を愛するかどうか、私たちの信仰と愛が本物かどうかを神がじっと見ておられるのだから、信仰と愛をやめないで、むしろますます神と人を愛して生きろというのです。

それで、もしペストが自分の地域にも流行り始めたら、自分も隣人も疫病にならないようできるだけの努力をしろ、とりわけペストは「火事」と同じだから早く消火しなければ、とにかく使えるものは何でも使ってあらゆる方法でこれを消火しろ、と言います。

「愛する友よ。……薬を用いなさい。助けになるものは何でも取りなさい。あなたの家、庭、通りをいぶしなさい。……神さまに、恵み深く、守ってくださいと祈ろう。そして、空気を清浄にするためにいぶし、薬をやりとりし、無闇に自分を疲れさせないために、また私の不注意のために、他の人に病気を感染させ、病気をひどくし、彼らの死の原因とならないために、会う必要もない他人と接触したり、不必要な外出をしたりするのは避けよう。」

当時は、細菌やウイルスが感染症を引き起こすという理解はまだなく、空気の悪さが感染源だと考えたので、さまざまな薬草を炊いて燻蒸するということがよくなされました。今で言う消毒のようなものです。こうして、医学を用いる、消毒する、不要不急の外出を避けるといったことは、現代の衛生に通じるものがあります。こうした努力をしない、つまり「どうせ神が守ってくださるのだから」ということで感染拡大防止の努力をしないのは、神への信頼というより、むしろ神を試みることになるといいます。なぜなら、神は私たちの体調を気遣い、毎日守って生かしてくださっているのに、自分は健康の管理をしないで自分と隣人の健康をおろそかにするからです。それは「神の前で自殺を図ろうとするようなものだ」とルターは言います。そして、どうせ神さまが守ってくださるのだからと、先に挙げたような、薬を用いる、消毒する、不要不急の外出を避けるといった、ペストへの対策を怠る者は、目の前の一軒の家が火事で燃えているのに、「何もしなくてもどうせ神さまが守ってくださるのだから」と何もしないで火事が町全体に広がるのをただ眺めているのと同じだと言います。

それで、神に助けを祈り求めたら、あとは自分ができる限りのことはする、できないことは仕方ありませんが、できることは可能な限りすべてすることでペストを防げ、というのでした。

以上見てきたように、ルターは、試練の中で信仰と愛が試され、本物の信仰は試練の日にも失われることはないと考えました。

おわりに

アモス書には神に背くイスラエルに主が「疫病を送った」とあります（四・一〇）。飢饉と飢え（六節）、干ばつ（七節）、害虫による作物被害（九節）、戦争（一〇節）、地震と炎上（一一節）、そして「疫病」を主が送り、その結末として「それでも、あなたがたはわたしのもとに帰って来なかった」とあります。つまり、主から離れたご自分の民を主に立ち帰らせるために、主はこれらの災いを次々と送り込んだのでした。

このことは、これまで説明してきた通りです。つまり、疫病には神のさばきと恵みという両面があり、主は疫病によって人と社会と悪行を破壊すると同時に、疫病によって人を守り、戦争に歯止めをかけ、社会を改善し、真理を求めさせました。要するに、さばきにしても恵みにしても、逆らう人間中心の文明社会のただ中に疫病を送って、ご自身のもとに人々が立ち帰るよう、主はご自身をあらわします。そして、疫病による死の恐怖が渦巻く中、キリストのからだなる教会を世に遣わして福音を宣べ伝えさせてきました。一方で、教会自身も、疫病によって自分たちの原点を確認させられます。疫病禍に於いても、教会はどの時代にも精一杯キリストの栄光をあらわします。十四世紀には聖書に立ち帰って教会を改革する者たちが起こされて、それが十六世紀の宗教改革の布石となりました。

以上のことから言えるのは、教会は、どんな時代が来ても、たとえ疫病が地球全体を覆ったとしても、主から委ねられた自分の福音宣教の務めを変わることなくしっかり果たしていくべきだということです。これまで挙げてきた、人の罪への警鐘、反戦、社会の改善、キリストの愛の実践、そして何よりも死に打ち勝つ永遠のいのちの福音の宣教は、もともとはどれも教会が行ってきたことです。そして、主は、疫病を通して、人の罪を警告し、戦争をやめさせ、社会を改善し、救いを求めさせます。つまり、主は疫病によって教会の宣教を応援しているのです。と言うより、そもそも宣教そのものは主のものなのであって、誰よりも主が先頭に立って福音を宣教していることになります。そして、教会の宣教は、単純にその主の栄光をあらわすこととなります。つまり、これが教会の宣教なのですから、疫病に関して言うならば、教会は疫病の何たるかを聖書と歴史からそれなりに理解して、時をよく判断して宣教しなければなりません。先に紹介したとおり、疫病が流行したとき、ルターは教会の指導者に次のように手紙を書き送りました。

「説教者や牧師は自分の職にとどまるべきである。良い羊飼いとして、自分の羊のために自分のいのちを捨てる覚悟をすべきである。」

疫病が流行したら、怖くて安易に逃げてしまうのではなく、牧師はいのちをかけて主の栄光をあらわす自分の職責を全うしろとルターは言います。どうしてでしょうか。教会には、平時にも疫病禍にもどんな時にも主のみことばを宣べ伝えて主の栄光をあらわすという、この世で何にも代えがたい務めが主から委ねられているからです。死ぬ人ほど、この最も霊的な務めは必要です。人の救いと世の回復とがこの務めにかかっています。アモスの預言で言うと、主がご自身のもとに立ち帰るよう疫病を送っておられるのに、教会が怖くて逃げたりいい加減なことばかり語っていたとしたら、世の人は一体どこに立ち帰ったらいいのかわかりません。

「全世界に出て行き、すべての造られた者に福音を宣べ伝えなさい」（マルコ一六・一五）と命じた復活の主は、得体の知れない疫病が待ち構える未開の宣教地に出ていく弟子たちに「たとえ毒を飲んでも決して害を受けない」と約束しました（一八節）。「毒（ギリシア語で qana, simoj thanasimos）」は「死ぬほどの危険、致命傷」のことです。たとえ死んでも天国に行けるのですから、確かに害は受けません。むしろキプリアヌスが言うように喜ばしいことでもあります。死に打ち勝った復活の主が共におられるのですから、教会は何があっても恐れることなく福音を宣べ伝え続けなければなりません。

今回の新型コロナウイルスの流行で、教会はこれまでの宣教のあり方を根本から問われました。訪問、交流、会議、集会、そして礼拝、讃美、愛餐、それどころか聖餐に至るまで、これまで普通にしてきたことの一つ一つが行っていいのか問われる中、何が教会に必要なことで必要ないことか、そしてこれを失ってしまえば教会でなくなる、という教会にとって本質的に重要なものは何かを悩みながら考えさせられました。

でも、その中でも励まされたこともあります。それは何があってもぶれずに主日礼拝を休まない兄弟姉妹の姿です。一番危ないと言われた年輩の兄弟姉妹が休まず礼拝に来ます。教会学校のある子どもは、クリスチャンではない父親から、コロナが心配だから教会に行かないよう言われたとき、「教会に行くことは不要不急の外出じゃない」と反論しました。こうした信仰の証しは、疫病禍にあって主の栄光を力強くあらわすものです。

最後に、次のパスカルの祈りを、疫病に際して私たちが主に立ち帰る祈りにできれば、と思います。

「神よ。
あなたの他に存続するものはなく、あなたの他に愛するに価するものの無いことをすべての人に示すため、あなたは天と地とその中のすべての被造物とを終わりの日に焼き尽くそうとしておられます。
神よ、あなたは私たちの情欲のすべての空しい偶像とあらゆる災いな対象とを破壊しようとしておられます。……

この病気を一種の死と見なし、この世から離れ、自分の執着するすべてのものを奪われ、あなたの憐れみによって自分の心の改変を祈り求めるため、ただひとりあなたの前に立たしめてください。」

参考文献

石弘之『感染症の世界史』角川ソフィア文庫、二〇二〇年
C・エルズリッシュ、J・ピエレ『〈病人〉の誕生』藤原書店、一九九二年
金森修『病魔という悪の物語』ちくまプリマー新書、二〇二〇年
鴻上尚史『同調圧力――日本社会はなぜ息苦しいのか』講談社現代新書、二〇二〇年
神野正史『感染症と世界史』宝島社、二〇二一年
甚野尚志編『疫病・終末・再生――中世キリスト教世界に学ぶ』知泉書館、二〇二一年
ヒルデ・シュメルツァー『ウィーン・ペスト年代記』白水社、一九九七年
瀬原義生『大黒死病とヨーロッパ社会』文理閣、二〇一六年
T・G・タッパート編『ルターの慰めと励ましの手紙』LITHON、二〇〇六年
立川昭二『病気の社会史』岩波書店、二〇一六年
富坂キリスト教センター編『百年前のパンデミック』新教出版社、二〇二一年
内藤博文『感染症は世界をどう変えてきたか』KAWADE夢新書、二〇二〇年
西迫大祐『感染症と法の社会史』新曜社、二〇二〇年
ニコラス・クリスタキス『疫病と人類知――新型コロナウイルスが私たちにもたらした深遠かつ永続的な影響』講談社、二〇二一年
ノーマン・F・カンター『黒死病』青土社、二〇二〇年
パスカル『パスカル全集』第一巻人文書院、一九六七年
細井和喜蔵『女工哀史』岩波文庫、一九八四年
ユヴァル・ノア・ハラリ『パンデミック』河出書房新社、二〇二〇年

ベイントン『我ここに立つ』聖文舎、一九六九年
村上陽一郎編『コロナ後の世界を生きる』岩波新書、二〇二〇年
N・T・ライト『神とパンデミック』あめんどう、二〇二〇年
E・ロバートソン『ウィクリフ宗教改革の暁の星』新教出版社、二〇〇四年
渡辺治『安倍政権の終焉と新自由主義政治、改憲のゆくえ』旬報社、二〇二〇年
『宗教改革著作集1　宗教改革の先駆者たち』教文館、二〇〇一年
Martin Luther, Luther's Works, Vol.43 Philadelphia: Fortress Press, 1999

教会は疫病をどうみるか——悪と苦難の神学《神義論》より

日本同盟基督教団・塩尻聖書教会 伝道師　金　道均

　近年、ネット社会となり、ＯＴＴ[*1]サービスの成長が著しい中、新型コロナウイルス禍（以下、「コロナ禍」と表記）によってＯＴＴ企業が全世界的に影響力を増している。その筆頭のNetflixでは、二〇二一年は韓国ドラマの「イカゲーム」が世界的ヒット作となり、そのバトンを受け継ぐような形で「地獄が呼んでいる」が同年十一月に配信されてすぐに世界一位となった。

　この「地獄が呼んでいる」は、「この世のものでないもの」が人間の死ぬ日を告知し、実際に「複数の何ものか」がその人たちを死に至らしめる現象が起こるというサスペンスであるが、その根底に「現象と宗教」という壮絶なテーマが隠されている。目の前の現象について「これは神の意図だ」という教えを広めて世の中を牛耳《ぎゅうじ》る新興宗教「新真理会」と、それに対峙する罪人扱いされた被害者たちの家族との緊張関係が「コロナ禍とキリスト教」を彷彿《ほうふつ》とさせるのは、キリスト者[*2]である監督のヨン・サンホ氏の狙いの一つであったと推察する。作品の中で「新真理会」の営みがネガティブな目線で描かれていることから、一連の現象を「神の意図」ではなく「単なる災害」であるとする被害者家族のほうに正義があるという隠されたメッセージもある。

前置きが長くなってしまったが、コロナ禍に出版されたキリスト教書籍を読み進めていく中で、新型コロナウイルス（以下、「コロナ」や「コロナウイルス」と表記）についても以上のような緊張感を感じた。コロナウイルスは「神のご意志」によって計画されたものであるのか、単なる「自然災害」であるのか、あるいは、その両者の間のどこかに位置付けられるものであるのか……、この線上で右へ左へと揺れ動きながら着地点を探しているのが、事の最中にいる者にできうる精一杯のことのようにみえる。しかし、確かな正解は、神のことばにあり、明確な答えが記されていないとしても、そこに秘められている神のみこころを示される御霊の働きにある。

今回の目的は、その神のことばに耳をすまし、あらゆる知恵を用いて疫病と向き合った人たちの見識を伺いながら、疫病をどう見るかについて考えてみることにある。疫病そのものから議論を始め、さらに「悪の問題」にまで議論を広げて詳しく考察していくことになる。その考察の手助けとして「神義論」のさまざまな展開を確認して、疫病をとらえるよりよい観点を見出せるかどうかを試みてみることとする。

疫病に関する議論

序論で示したように、今回の議論は神と疫病の関係に絞って進めることになる。とりわけ、疫病に「神の意図」があったかどうか、どう理解すべきかについて考察することがおもな目的である。そのためにはまず私たちが最も共感を覚える宗教改革者たちの理解から確認することは必須である。すべての資料に当たり議論を深めることはできないので、代表的な人物の見解から当時広く受け入れられていた疫病理解を確認することとなる。その後、現在のコロナ禍について書かれたいくつかの本についてその詳細をみることになるが、同じく、論点は「神の意図」に絞られる。その上で、後半は聖書の記述からもう少し細かく考えて、最後に全体を俯瞰《ふかん》してみたい。

(1) 神学における疫病理解

① 宗教改革者たちの見解

中世にも疫病との戦いが激しかったということはよく知られている。その様子は、韓国で出版された『전염병과 마주한 기독교（伝染病と向き合うキリスト教）』の「02 중세 흑사병은 하나님의 징계였을까?（中世の黒死病は神のさばきだったのか）」（イ・サンギュ）と「Ⅲ 교회 역사에서 본 전염병과 기독교（教会史に見る伝染病とキリスト教）」[*4]によくまとめられている。

そこには、当時、災禍にありながらも、疫病を神学的にどのように理解すべきか、また危機的な状況下でキリスト者はどのような実践をなすべきであるか、といった現在も問われている課題と真剣に向き合っていた様子が垣間見られる。特にイ・サンギュが「14세기 유럽인들은 자기들을 죽음으로 내모는 질병에 대해서는 아는 바가 없었지만, 질병의 주된 원인에 대해서는 나름의 분명한 확신을 가지고 있었습니다. 바로 하나님의 심판이라는 인식이었습니다.[*5]（一四世紀の欧州人は自分たちを死に追いやる病については知識は持っていないものの、病気の主な原因についてはそれなりの確信を持っていました。それは神のさば

きであるという認識でした）」と記すように、当時の疫病に対する神学的な理解に異論の余地はなかったようにみえる。その認識の詳細を理解するために、疫病に対する神学的な立場を明確に書き残したルターとカルヴァンの見解から確認することとする。

ルターは一五二七年に黒死病の広がりを目の当たりにし、疫病に関する見解を示す一つの文書を書き残す。それはドイツの牧会者ヨハン・ヘスから疫病や戦争などによる非常事態に牧会者たる者どう対応すべきかという質問が寄せられてのことであった。まずルターはその前提として、疫病が神の刑罰であることを明言する。ただし、その刑罰というものがいかなるものかについても触れながら、それが必ずしも否定的なものであるとはとらえない。彼の理解は以下の文書によく表されている。

First, we can be sure that Gods punishment has come upon us, not only to chastise us for our sins but also to test our faith and love our faith in that we may see and experience how we should act toward God; our love in that we may recognize how we should act toward our neighbor.[*6]

（私訳「初めに私たちは、神の刑罰が私たちに与えられたのは、罪のために私たちを懲《こ》らしめるためだけではなく、私たちの信仰と愛を試すためでもあることを確信しなければならない。私たちが神に対してどのように行動すべきかを見て経験できるような信仰があるかどうか、私たちが隣人に対してどのように行動すべきかを認識できるような愛があるかどうかを試すためである。」）

ここで注目すべきは、神の刑罰にはそれがただ実行されること以上の目的があるという認識である。それをルターは「試す（test）」という言葉を用いて説明する。試す内容は言うまでもなく、主イエスが強調されたところの「神への愛、隣人への愛」が信者にあるかどうかである。

要するに、ルターがここで強調したかったのは、神は疫病などを通して信者が神を愛しているかどうか、隣人を愛しているかどうかを試しておられる、ということである。しかし、疫病は当時、信者にも未信者にも降りかかった災禍であったことを考慮すれば、神を信じない者と疫病との関係については、このルターの疫病理解だけでは説明しきれない。

ルターの見解を補うかのように、カルヴァンは同じ出来事について信者にもたらされる場合と未信者にもたらされる場合とを区分して説明する。彼は、神のさばきには二つの種類があるとし、信者に対するものを「懲らしめ（chastisement）」、未信者に対するものを「刑罰（punishment）」と呼ぶ。前者を父の行為に、後者を裁判官の行為になぞらえて説明する。[*7] そして、この両者の目的も完全に異なるということをまた二つに分けて解説する。一つ目、「懲らしめ」は「祝福」であり「愛の証拠」であるが、「刑罰」は「神の呪い」と「怒り」の現れであるということ。[*8] 二つ目、「懲らしめ」は信者を悔い改めに導き、矯正するためのものであるが、「刑罰」は悲惨な経験をとおして未信者に神こそ審判者・復讐する者だという事実を教えるためであるとまとめる。[*9]

限られた事例ではあるが以上から、中世の世界観では、疫病は神の手によるものであるという説明が一般的であったことを確認できる。人間の理解を超える現実をとらえる別の方法がなかったからである。その限界の中で、与えられている聖書テキストに基づいて、目の前の現象について解釈しようとする試みはごく当たり前のことであったと思える。ただし、キリスト教を背景とする世界においてはその説明で十分だったかもしれないが、もしキリスト教を根幹にしていない地域でも疫病が蔓延していたらどのように説明していただろうか。その意味で、ルターの説明は不十分と言える。一方、カルヴァンの理解であれば外の世界についても説明ができる。ただ、カルヴァンの見解をそのまま踏襲してもいいとは言えない。警告という目的だけなら一定の効果があると思われるが、対話に進みたいならばあまり期待できないだろう。今度は、宗教改革者たちの伝統を受け継ぎながらも、外の世界との接点が増えた現代の神学者たちの応答に聞いてみることにする。

② 新型コロナウイルスに関する議論

コロナの流行が始まって間もない頃から、その現状を神学的に考察しようとするいくつかの本が出された。キリスト教信仰を背景として持ち、それぞれの専門分野の見地からコロナ禍を説いたものである。詳しい内容を取り上げる前に、その全体的な感想をまず述べたい。聖書学、歴史神学、組織神学など、専門分野の違いはあるものの、それぞれの著者が聖書を土台として論じようとする姿勢に共感を覚えた。同じ聖書箇所に対して解釈の違いは見られるとはいえ、聖書を一つの基準にしているがゆえに、そこからさらなる議論ができるので、今後の研究のために非常に役立つものだといえる。

ただ、限界もはっきりしている。コロナ禍の最中にあるために、どうしてもそれぞれの前提となる研究や背景とする神学が先に結論として出ており、そこから聖書の箇所や歴史上の出来事を理解しようとする展開が目立った。それが最も顕著にあらわれたのは、序論にも触れた、疫病に神の意図があるかどうかという理解においてであった。

この点についてジョン・パイパーは自身の著書『コロナウイルスとキリスト』で「コロナウイルスを送ったのは神であると言える」[*10]と躊躇なく語る。これは自然と、コロナ禍には神の意図されたところがあるという理解につながる。実際に彼は、神がコロナウイルスを通して何をしようとしておられるのかについて六つの答えを本の結論として提示する。とりわけ、それらの土台となる第一の答えにおいて、人の罪が根本的な原因であり、その罪の悪影響を目に見える物理的な形で世界に示すために、神がコロナを用いられたと説く。続く章から、コロナにみられる神のご意志を「神の特定的なさばきを下す」、「キリストの再臨に備えて人を目覚めさせる」、「キリストの無限の尊さを中心として人生を立て直す」、「危険の中で良いわざを行わせる」、「国々に福音を届けるためにこれまでのあり方から解き放つ」と書き連ねる。

このパイパーのまとめは宗教改革者たちの見解を踏襲しており、確かにどれも聖書から特段に外れていない。しかし、彼の本では、疫病から苦難や悪の問題にまで議論を広げていくプロセスは見当たらず、いきなり聖書全体から見出せる一般的な教訓が結論として出されている。これだと「疫病」という特殊な出来事ではなくても話せるものであるので、見方によっては本人が普段持っていた結論のためにコロナ禍という特別な状況を利用しただけだと指摘されても言い訳できない。

一方で、ジョン・レノックスは、ほぼ同時期に出版された自身の本『コロナウイルス禍の世界で、神はどこにいるのか』を書いた目的を示しながら以下のように、コロナはただの自然災害だと断言する。

「『試練に関する本ならすでにたくさん出回っています。今さらなぜこの本が必要なのでしょうか?』と聞きたくなるのもわかります。その答えは、ほとんどの本が取り上げている試練は人の行為から引き起こされる『道徳悪』に特化していますが、この本は、自然による災禍、いわゆる『自然悪』を取り上げているからです。つまり、ここで主に取り上げるのはコロナウイルスについてですが、津波や地震、病気などの自然災害にも焦点を当てたいのです。[*11]」

続く説明に、彼は痛みと試練が引き起こされる理由を「自然悪」と「道徳悪」とに分け、コロナなどの自然災害（自然悪）には、人間には直接的な責任がないと語る。そこからレノックスは、一部の有神論者の中に、その自然災害を神のさばきだと見る傾向があることに「多くの人々を傷つける無神経な見方」と批判する。[*12] その根拠として「ヨブ記」の結論を引用し、ヨブの苦難には彼自身の責任がなかったという側面を挙げる。一方で、彼は同時に、キリスト教の教えには、災害や病が神からのさばきとして来る場合があるということも認め、自然災害をすべて神のさばきとして解釈する人たちにも、パンデミックを通して神は何も語らないと言う人たちにも、両方注意するよう促す。しかし、この最後の結論は、一見バランスのとれたものに見えるが、これはあくまでも両極端を避けるために提示された臨時的な答えにすぎない。自然災害には「自然悪」と「道徳悪」の両者が共存する可能性を示唆しながらも、現状をどうとらえるべきかについての具体的な案内はせず、かえって議論をはっきりさせない。

以上の二人とは異なる観点から、N・T・ライトはコロナ禍から神のご意志を見出そうとする試みを否定的にとらえる。

「『神は主権者だ。自分の願うとおりに何でもできる。だから、何かが起こったなら、それは神が願ったからだ。だから私たちは、なぜそのことが起こったのかの説明ができるはずだ』と。しかし、神がご自身の王国を打ち立てたのは、そのような仕方ではありません。さらに神の王国は、今そのように機能していません。[*13]」

（『神とパンデミック――コロナウイルスとその影響についての考察』）

彼はここから、コロナ禍のような危機的な状況について、神学的な知識を駆使して合理的に分析しようとする営み自体、神のご意志とは無縁であるという結論へと進む。つまり、コロナ禍という現実には「悔い改め」という神の要請はないと強調する。災禍を前にし「なぜこれが」という議論ではなく、「では何を」という思考とそれによる実践こそが真に神学的な営みであるとまで語る。[*14]

彼がここまで断言できたのは、旧約における「しるしとしての疫病」に着目し、そのしるしが究極的には「イエスの死と復活」として完結されたゆえに、これ以上のしるしはもはや必要ないとする明確な神学的な軸による。この一貫した観点には確かに隙がない。しかし、しるしがもはやないとすると、いまもしるしによって何かをなせる神の働きの可能性を見落としてしまうのではないだろうか。最も大事なしるしを根拠に、ダイナミックに働かれる神のわざをも一掃してしまうおそれがある。

そこでライトの限界を克服するかのように、ウォルター・ブルッゲマンは旧約学の見地から関連箇所（レビ記、出エジプト記、ヨブ記を中心に）の釈義をとおして疫病の猛襲について三つの説明ができるとする。[*15] 一つ目は「契約に依拠した同等の報い」として、二つ目は「意図をもってネガティブな影響を用いること」として、三つ目は「完全な聖さ」として、疫病がもたらされると語る。さらに、彼はその側面のみならず、「事を隠すのは神の誉れ。事を探るのは王たちの誉れ」（箴言二五・二）[*16]を引用しながら、現在の疫病についてはもちろんのこと、創造世界の神秘をことごとく明らかにすることはできないということも同時に認める。[*17] さらに、それに加えて、同等の報いを超える「さらにほかに (more and other)」の領域を紹介しながら、疫病に向き合うキリスト者を「開かれた想像 (open imagination)」へと招く。[*18] 要するに、ブルッゲマンは、聖書において明確に示されているものを超えた「さらなる・ほかの目的」があるということを想像するように呼びかける。ただ、これは結局、神秘に訴えることになり、「想像力」という響きの良い言葉で疫病による苦しみを美化する危険性をはらんでいる。

以上のように、聖書という同じ基準に立ちつつも、その理解の相違によって導き出された結論は幅広い。ライトを除いては、基本的に疫病には神の意図があるととらえていると理解しても間違いない。しかし、神が疫病を通して何を意図され、また具体的にどのようなメッセージを発しておられるかについてはそれぞれの見解に違いがある。パイパーは他とくらべて具体的で明確なメッセージ性を見出そうとしたが、疫病以外の文脈でもいえるいくつかの説明によって論点をぼやけさせることになった。

一方、レノックスは疫病に神のご意志がないとは言い切らないものの、疫病を「自然悪」というカテゴリーに入れてしまい、人に責任を問うという「道徳悪」の側面を性急に排除しようとした。最後に、ブルッゲマンは疫病をとおして人々に責任を問うておられる神のご意志を汲み取りながら、それにとどまらずさらなる考察や想像の作業を続けるように促すが、これには疫病による苦しい現実を美化してしまう恐れもある。

ここまで、疫病に対する宗教改革者たちの見解から、現在のコロナ禍に対するいくつかの議論を確認してみた。冒頭にも触れたように、聖書という基準を共通して持ちながらも、結論はさまざまであった。聖書における疫病の箇所をもう少し詳しく見ることで、結論がこれよりはっきりする可能性もある。以下に、旧約と新約における疫病の箇所について考察してみることにする。

(2) 聖書における疫病について

① 旧約聖書における疫病と神の民

旧約学者のキム・ジチァンは旧約聖書には疫病についての言及が八十二回も登場するという。*19 彼はその主要な事件を中心に、旧約に見られる疫病の背景や特徴、そこから得られる教訓について各章でまとめる。第一部が「聖書からの教訓」で、一章「旧約における疫病の概観」から始まり、二章「出エジプト記と疫病」、三章「人口調査と疫病」、四章「レビ人の幕屋での奉仕と疫病」、五章「契約の自己呪いと疫病」、六章「疫病と赦しの神」、七章「コラの事件と疫病」、八章「バアル・ペオルと疫病」、九章「ペリシテ、契約の箱、そして、疫病」、一〇章「ダビデの人口調査と疫病」、一一章「ソロモンの神殿奉献の祈りと疫病」、一二章「エレミヤ書と疫病」、一三章「エゼキエル書と疫病」と調べ上げ、章の最後には、信仰者に向けられた聖書の教えについても解説する。

これらの個別事例については、キムの研究においてすでに詳しく調べられているので、ここでは、旧約聖書において疫病が語られる際の全体的な特徴についてまとめてみたい。

第一に、疫病はどの場面においてもその主体が神である、ということである。聖書では、神がその疫病をエジプトに、イスラエルの民に、特定のグループにもたらす姿が描かれている。これが特に顕著なのは「ダビデの人口調査」（Ⅱサムエル二四章、Ⅰ歴代誌二一章）の場面である。ダビデが人口調査を行い、神に背いたとき、神によって三つの刑罰が選択肢として与えられる。彼が悩みに悩んだ末「主の手に陥らせてください」（Ⅱサムエル二四・一四）と願う。その結果、イスラエルに疫病が下される。この場面は、主の手によって疫病がもたらされるということの代表例だと言える。

第二に、「神の聖」との関連で、それが侵される時、疫病がもたらされる場面が出てくる。レビ人だけにゆだねられた聖務（神の聖）が汚された時や、コラの反逆によって神からゆだねられたリーダーシップ（神の聖）が危険にさらされた時、そして、契約の箱（神の聖）が異邦人の手に渡された時などがこれに当たる。特に、エゼキエル書には疫病についての言及が十一回もあるが、これはまさにエゼキエル書が「わたしは聖であることを示し」や「そのとき彼らは、わたしが主であることを知る」のような表現が繰り返し登場する「神の聖」をテーマとした書物であるために他ならない。

第三に、神と民との契約関係において、義務を負っている民がそれを忠実に果たせない時に疫病がもたらされるという場面がある。レビ記二六章二五節の記述が代表的で、「わたしはあなたがたの上に剣を臨ませ、契約による復讐を果たす。あなたがたは自分たちの町々に集まるが、わたしがあなたがたの間に疫病を送り込むので、あなたがたは敵の手に落ちる」と、契約違反の結果としての疫病が語られている。

これらの側面は、(1)で確認したブルッゲマンの理解とも重なる。ブルッゲマンが疫病の場面を「契約に依拠した同等の報い」「（神が）意図をもってネガティブな影響を用いること」、「（神の）完全な聖さ」として紹介するが、特にこの説明で注目すべきところは「神と民との関係性」である。両者の間で交わされた契約に基づき疫病がもたらされることや、契約関係に貢献する形で疫病が用いられる場面が目立つからである。これは、ライトの表現を借りるなら、「神とイスラエルのストーリー」[*20]のことである。彼はそれの補足を次のように語る。「神の癒し、救出、回復、しばらくのさばきのみならず絶望の期間の後、ついに新しい創造が到来するストーリーです」[*21]と加える。要するに、ブルッゲマンもライトも、疫病は神と民との契約関係の中でもたらされたという点で共通認識を持つと言える。しかし、ブルッゲマンはそこから以上の命題を見出し、今でもその原理は依然として適用可能だと主張する反面、ライトは、神と民との関係におけるしるしであった疫病はその役割をもう終えたという。このライトの理解は新約聖書における展開を意識してのことであるので以下で詳細を確認することとする。

② 新約聖書における疫病と教会

旧約とは異なり、新約聖書には疫病についての言及が二回しかない。しかも、疫病がもたらされたという場面はなく、比喩として一度（使徒二四・五に「疫病のような人間」）、終末のしるしとして一度取り上げられているだけである。このことについて、キム・ヨンホは「疫病」という単語が登場するかしないかが絶対的ではないとし、聖書で疫病と一緒に登場する頻度が高い「飢饉」が出る箇所を調べることで間接的に疫病についても調べられるとする。[*22] しかし、だとしても該当する箇所が少ないことに変わりはない。したがって、まず新約に疫病に関する言及が少ない理由を考える必要がある。

キム・ジチァンは、新約聖書に含まれる出来事とは一世紀程度の短い期間のものであることや、教会がその歩みを始めた初期段階に関する記述であるために全国的かつ世界的な伝染病への言及がほとんどないと解説する。[*23] つまり、新約聖書が持つ時間や空間の制限のために疫病が登場する余地がなかったということである。しかし、この意見は、疫病が時間的な間隔を持ちながら定期的に起きるもの、あるいは、地域を変えながら自然発生的に順番で起きるものであるという印象を与えかねない。時間的・空間的要素も一定の影響を与えたかもしれないが、決定的な要素とは言い難い。それよりも、旧約聖書と新約聖書との間にある本質的かつ核心的な変化に着目するほうが理にかなっているように思える。このような意味では、ライトの説明はより支持を得られるだろう。

ライトは新約聖書において疫病に関する記述が少ない理由を次のように説明する。「イエスの行ったメシアとしてのあらゆる出来事こそが、究極的な懺悔《ざんげ》への招きです。これらは、神の王国の到来を究極的に宣言しているからです。[*24]」要するに、旧約聖書においてしるしとして与えられていた疫病が、キリストの死と復活という究極のしるしが現れた後、もはや果たす役割がなくなったということである。この見解には、旧約の時代における疫病の意味についての考察も含まれており、イエスの到来という大きな変化によって疫病がどこに位置付られるか、という鋭い分析がみられる。

ライトの理解は主イエスの病に対する言及にも依拠している。盲目で生まれた原因が罪にあると想定していた弟子たちに対して、主イエスは盲目が罪のせいではなく「神のわざが現れるため」(ヨハネ九・三)だと言われたときのことである。個人の病を疫病にまで拡大して一般化する飛躍がみられるものの、もしこのライトの説明に同意するのであれば、「罪に対する刑罰としての病・疫病」という理解は否定されることになる。

ライトはこうまでも言い切る。

「世界の苦難と惨事のすべてが積み上げられ、取り扱われている場所は、十字架以外にはありません。そして、復活においてこそ、神は新しい創造を立ち上げ、救いをもたらす主権的支配を地上で始められたのです。この新しい創造は、イエスご自身の物質的なからだから始まりました。イエスについて起こった十字架と復活という出来事こそが、今や悔い改めへの招きであり、神がこの世界において何をしているかを理解する手がかりなのです。福音書のストーリーを熟考することなしに、地震や津波やパンデミックやその他の出来事を見て、『神がここで何を語っているか』についての結論に飛びつく人がいます。そうすることで、神に関することをイエス抜きで推定するという、基本的な神学的誤謬を犯すのです。[*25]

これから後の悔い改めへの呼びかけ、天にあるように地にもという神の王国の告知は、戦争や飢饉や疫病によって知らされるのではありません。それは、イエスによってもたらされるのです。イエスの民、すなわちイエスご自身の御霊によってイエスのいのちを生きている民によって、イエスご自身のストーリーが語られ、説教され、告知されてもたらされます。[*26]」

（傍点は筆者による）

ここで彼は、疫病などの自然災害が媒介となる悔い改めへの呼びかけなどはないと言い切る。しかし、彼の言う「悔い改め」は神と契約関係を持たない、いわゆる「この世」の悔い改め、一度限りの悔い改めのことを指している。残念ながら、神の民である教会の悔い改めという文脈を彼は見落としている。もしかすると、彼は教会には悔い改めがもう必要ないという立場で議論しているのかもしれない。いずれにせよ、ライトには「悔い改めを要請するものとしての疫病」という理解はそもそもない。その根拠として、使徒の時代のアンティオキアに大飢饉があった時のこと（使徒一一章）を彼は取り上げる。厳しい現実を目の当たりにしたイエスの弟子たちが、当時「なぜこのようなことが起きたか」と議論することや「悔い改めのメッセージ」を発信すること、あるいは、終末の話題を出すことなどは一切せず、さっそく何をするかということに取りかかった時のことを持ち出しながら、やはり「悔い改めの呼びかけ」が中心ではなかったと説く。しかし、ここに明記されていないからといって、教会の悔い改めへの感覚がなかったとするという理解はあまりにも断片的である。大飢饉が起きた際、それについて考察しなかった、あるいは考察する暇がなかったのではなく、逆に危機的な状況が持つ意味については常に意識してきたので、あえて話題にしたりせず、さっそく実践に移したという理解も十分できる。

以上見てきたように、旧約聖書と新約聖書との間には、疫病に関する理解が統合されにくい点があり、その理由についてさらに考察する作業が伴わなければならないと示された。しかし、その作業も簡単な道のりではない。旧約聖書では疫病が神と民との関係性の中で登場する傾向があり、現代のような世界観にそのまま当てはめることは難しい。その橋渡しとなるはずの新約聖書に関して言えば、そもそも疫病への言及が少なすぎる。もちろん、ライトが試みたように、その理由を「イエスの十字架と復活」から見出すのも可能だが、その理解を受け入れるためには見落とされている部分がどうしても大きくみえる。

宗教改革者たちや現代の神学者たちの見解にも見られる限界は、聖書を詳しく調べる作業を経てもなお残る。それぞれの知見の不一致が克服されないかぎり、疫病から神からのメッセージを読み取ることは困難である。レノックスが指摘したように、疫病から神を主体として性急にメッセージ性を見出すのは「多くの人々を傷つける」結果を招きかねない。その傷は、教会内部においては神への信仰を妨げるものとなり、教会外の世界においては現実世界の悪と苦難の問題でもがいている人たちを落胆させるものとなる。

しかし、実はこの二つの反応というものは同じ問題意識からなるものである。疫病と代表される悪や苦難をどう理解すべきかという問いであり、その厳しい現実の世界と美しき神の創造のわざとをどう両立させるべきであるかという問いであり、この悪と苦難に満ちた世界で神は何をしておられ、その神という方は一体どのようなお方であるかという問いである。しかも、疫病のような悪の問題と神を一緒にとらえる思考には、図らずも悪の所在が神にあるという考えも含まれている。つまり、パイパーが明言したような「コロナは神が送った」と語ると、神が悪の原因であるという結論も避けられない。ここに来て、私たちは疫病だけに議論を絞ることはもはや困難であることに気づく。人類を悩ませ続けてきた議論に移る必要がある。それは、人間の理性が世界の表舞台に出た一八世紀から活発に議論され始めた「神義論」という哲学的・神学的議論のことである。

悪に関する議論――神義論について

悪の問題を神との関連で考察する哲学的な営みのことを「神義論」と呼ぶ。この「神義論（Theodicy）」という用語は、一七世紀後半から活躍したドイツの哲学者ゴットフリート・ライプニッツ（Gottfried Wilhelm Leibniz, 一六四六～一七一六年）の著書に由来すると言われており、「神」（θεός, テオス）と「正義」（δίκη, ディケー）の組み合わせでなっている。*27 この名称からも、「神の正義を証明する」という目的が垣間見られるわけであるが、日本の哲学の分野ではその意味するところをより明確にする形で「弁神論（神の正しさを弁護する哲学）」と訳されることもある。*28

しかし、クラウス・フォン・シュトッシュが自身の著書『神がいるなら、なぜ悪があるのか』の出だしで「実際、神義論はそういうものだ（人間の理性によって神は正義であると判定すること）と繰り返し言われてきました。しかし、ここで改めて声を大にして言わなければならないのは、神義論とは少なくとも現代においては神を信じることの正しさに関する議論であり、神が正しいかどうかということに関する議論ではないということです」[*29]（傍点は筆者による）と語っているのに注目する必要がある。これは、おもに哲学者や哲学的神学者が取り扱ってきた「伝統的な神義論」と一線を画す理解である。M・S・M・スコットも狭い意味での神義論からその定義を広げる必要があるとし、とりわけ現代において、伝統的な神義論がさまざまな非難を受けていることを指摘する。その根幹には、スコットに言わせれば「伝統的な神義論は、苦しみという人間経験へのまなざしを失ってしまっている」[*30]という側面がある。ただ、伝統的な神義論の存在意義も認めつつ、彼は続けて「神義論が広がれば（中略）神義論の理論上のおもな働きは、単に悪を説明することにとどまらなくなります。実践的にさまざまな応答をすることにより、これまでの神義論のあり方を乗り越え、変えていくことになります」[*31]と神義論の新たな可能性を展望する。今回は、この「広い意味での神義論」を意識しながら議論を進めていくことになる。まずは議論となる部分を明らかにした上で、理論的にある程度定まった神義論の詳細を確認してみたい。どのような神義論が正解であるかではなく、あくまでもさらなる議論のための材料として神義論の貢献を覗いていただきたい。

(1) 神義論の中心テーマ

「神がいるなら、なぜ悪があるのか」[*32]、まさにこの質問から神義論の議論が始まる。この質問は、神とこの世の悪のすさまじさが両立できるはずがないという認識に立つものである。そして、この質問には、神の存在への期待と、悪は実体のあるものだという理解も含まれている。であれば、神義論は神の存在を基礎とし、現実世界にある悪の問題に取り組む営みであると言える。ただそれが極端になれば、神の存在に疑問を抱くところまでも至るが、哲学ではそれをも神義論としてとらえる。

神義論は神と悪に関する三つの命題からなる三段論法をその前提とする。


ⅰ）神が全能であれば、神はすべての悪を防ぐことができる。

ⅱ）神が完全に善であれば、神はすべての悪を防ぐことを願う。

ⅲ）悪は存在する。したがって、全能であり、完全に善である神は存在しない。[*33]

この最後の結論を解消することが神義論の最優先課題となっており、そのためには、神についての理解を新たにするか、もしくは悪についての理解を修正するか、いずれかを試みる必要がある。すると以下のような修正案が見出せる。

修正案 ①

ⅰ）神は全能ではないので、すべての悪を防ぐことができない。

ⅱ）神は完全に善であれば、すべての悪を防ぐことを願う。

ⅲ）神が存在しても、全能ではないので、悪は当然存在する。

修正案②

i）神が全能であれば、すべての悪を防ぐことができる。
ii）神は完全に善ではないので、すべての悪を防ごうとは思わない。
iii）神が存在しても、完全に善ではないので、悪は当然存在する。

修正案③

i）神が全能であれば、神はすべての悪を防ぐことができる。
ii）神が完全に善であれば、神はすべての悪を防ぐことを願う。
iii）純粋な悪は存在しないので、全能で完全な善である神は存在する。

このように改めて文書として並べてみると、いずれも伝統的な理解とはかけ離れたもののようにみえる。伝統的な理解とひっくるめて称したことを許していただきたいのだが、一般的に「神は全能である」という理解に立ち、「神は完全に善いお方である」という信仰のもとで、「現実の世界には悲惨な悪が実体としてある」ことに嘆く立場のことをそうだとするなら、伝統的な立場にとって以上のような修正案はどれも受け入れ難い理解である。しかし、すぐ気がつく事柄であるが、伝統的な理解を保持するとどうしてもつじつまが合わなくなる。すると必然的に「神は人間に理解できるお方でない」という神秘の領域にとどめておくことが唯一の解決策になるが、これだと教会内での暗黙のルールでしかなくなり、教会の壁を越えたところでこれを理解してもらうには並外れた知恵と努力が必要となる。もしかすると、教会内でも違和感を覚える人が実際に増えているかもしれない。

ここで「神秘まかせ」には戻らないで、もう少し前へ進むことにする。考え抜いてからの「やはり神秘だ」と言うことと、何も考えずに「どうせ神秘だ」と言うことでは雲泥の差がある。さらに、私たちは気づいていないだけで、程度の違いはあるが、実はそれぞれが悪の問題と向き合い、自分なりに考えて、悪の問題を解釈することを試みている。「なぜこのようなことがあったのか」は信仰者として避けて通れない質問となっているからである。もし一つの解釈に落ち着くようになれば、それが一つの原理となり、周りの人が似たような経験を通らされるとき、自分の教説に基づいて案内しようとする。まさに自己流の神義論がすでに存在していたわけである。というわけで、悪の問題と忍耐強く向き合い、神理解をも改めて取り組むことに付き合っていただきたい。

(2) 神義論における神理解と悪の解釈

ここでは神義論の種類とその詳細を概観することになる。ただ、その前に神義論の種類について押さえておくべきことがある。それは、筆者がいくつかの神義論を扱う本を読む中で気づいたことであるが、その分類や名称が一定しないということである。おそらく神理解や悪の解釈において、さまざまな見解が繰り広げられ、その組み合わせとなれば、百人いれば百通りの神義論が見出せるからであろう。しかし、ここでは基本的に、積み重なる議論を経て「○○神義論」と命名されたものだけを扱うこととする。もちろん、その命名された経緯はさまざまである。後の人たちがその特徴をとらえて名前をつけたものもあれば、神義論をテーマにする中で自分で名前をつけたものもある。

また、神義論として十分に議論されていないものも、ごく最近になって提唱されたものもある。という意味で、ここで施されている神義論の分類に関しては筆者の判断によるものである点、ご理解いただきたい。あわせて、それぞれの神義論の名前に関しても、基本的にはすでに翻訳されている言葉をそのまま用いることになるが、まだ確認できていないものについては筆者の私訳のものとするのもお許しいただきたい。当然のことであるが、すでに神義論についての入門書は出されているため、単なる要約や紹介はここで目標とするところではない。なるべく論点を絞って進めることにして、読者の理解に混乱をきたさないようにする。

さらに、ここでまとめられている内容に説明が不足しているところや、それぞれの神義論の代表的な著書をすべて読破できず、[34]多くの部分を入門書[35]や小論文などに頼っている点、必然的に理解が浅く、場合によっては間違った理解になっているかもしれない点も、大目に見ていただき、気づいたところに関しては、ご指摘やご指導をいただければ幸いである。

①完璧な計画神義論（Perfect Plan Theodicy）[36]

この神義論はその名称に特徴がよく出ている。リチャード・ライスによれば、その中心とするところは「宇宙のすべての時間と些細なすべてのことが、神のご意志の正確な表れだという考えを持つ[37]」ということである。これは、一六世紀の宗教改革者たちの理解から見出されたもので、ウェストミンスター信仰告白の第三章の記述でも見られる考えである。

「神は、全くの永遠から、ご自身のみ旨の最も賢くきよい計画によって、起こりくることは何事であれ、自由にしかも不変的に定められたが、それによって、神が罪の作者とならず、また被造物の意志に暴力が加えられることなく、また第二原因の自由や偶然性を奪いさられないで、むしろ確立されるように、定められたのである。[*38]」

この辺の理解は少し前のハイデルベルク信仰問答にも確認され、[*39] その流れをくむJ・I・パッカーが「神はご自身がお造りになった世界の中で起こるすべてのことに『同時作用する』、あるいは『合流する』かたちで関与する」[*40]と、神の摂理に関して補足するところにもその特徴がほのめかされている。

このとらえ方によれば、この世におけるすべて、すなわち良いことや悪いことの全部が神の計画のうちにあるという結論が見出される。さらにいえば、完璧な計画神義論は、神の定めは完璧であるため、悲惨な出来事でさえも御手の支配下にあり、しまいには善に変えられるという理解につながる。最近、YouTubeで聴いた牧師の説教の出だしのところが「すべての苦難は私のためにあります」であったが、これがまさに完璧な計画神義論に基づいた理解である。ただ、この神義論にまとめられたように、宗教改革者たちの神学が一ページ足らずの文書に収まるような簡単なものではないので、その神学の内容を総合的に分析して、より洗練されたかたちで一つの神義論として提示される必要がある。それにしても、以上の牧師の説教のように、完璧な計画神義論に基づいた発言が頻繁になされている現状に関しては、ほかの補足はいらないと思う。

この神義論が描く世界はある者にとっては確実に慰めや励ましとなるであろう。「すべてが御手の中に」という信仰の表現は多くの人々に感動を与えるものでもある。しかし、これが個別の領域を超えた一般論として語られることや、公共の場面で不特定の人々に発信される時はどうだろうか。「あの人もそうだったから、私もきっと大丈夫」のような結果になれば嬉しいが、実際のところ、不可解な悪の問題に苦しんでいる人々には本当の慰めにはならないし、とりわけ悪によって犠牲を被った人たちには一種の暴力にまでなり得る。さらに、大きな規模の悪についてはもっとそうである。ライスが次のように指摘する言葉に筆者もまったく同意する。

「どのような神の計画が六百万人もの人を組織的に抹殺すること〔筆者注・アウシュヴィッツ、ユダヤ人虐殺のこと〕を含むといえるでしょうか。[*41]」つまり、完璧な計画神義論の理解から悪の問題に関わろうとすれば、その悪の責任が神にあるとしかいいようがないという点に気づくのである。「悪はどこから来たのか?」という悪の所在に関する質問に対して、完璧な計画神義論では「神です」と言わざる得ないことを克服するかのように、次に確認する「自由意志による擁護論」は人間の自由意志に焦点を当てて独自の解決策を試みる。

②自由意志による擁護論（Free Will Defense）[*42]

完璧な計画神義論が行き詰まりを覚えた「悪の所在」という課題に対して、自由意志による擁護論はその責任は神にはないと答える。この立場の代表的な人物であるアウグスティヌス[*43]は創造世界は善いものであると説明する。当然、悪の存在についても、その実在を認めず、「善の欠如」としてとらえる。それは、彼が長年没頭していたマニ教の二元論的理解から離れ、新プラトン主義、とりわけプロティノスの影響を受けることにより、「善に対立する悪」という構造から抜け出たからである。[*44] しかし、そのアウグスティヌスの理解とは異なり、現実の世界には、悪が確かに存在しているようにみえる。すると、「悪が善の欠如」という理解は悪の実体からただ目を逸らしているだけだという批判を呼び起こしかねない。

悪の現実について議論を進めるには、アウグスティヌスの原罪とその結果に対する教理を押さえておかなければならない。彼は、最初の人間が罪を犯したという事実、そしてその原罪に対する結果として刑罰があったという事実が、現実世界にみる悪の原因だと説明する。とはいえ、その悪のようにみえる結果でさえ、神が結局それをも善に変えるため、それは悪でも善でもない中立的なものであると位置づける。さらに、悪のようにみえる中立的なものが最後には善になるので、手段として善いものととらえられると、アウグスティヌスは自明で純粋な悪はないと主張する。[*45] 以上のような考えから、悪の起源をさかのぼると「罪」にぶつかる。つまり、罪を犯すようにした人間の自由意志、もっと正確に言えば、人間の腐敗した自由意志が「善の欠如」を招いたということである。というわけで、神には悪に対する責任がないと、自由意志による擁護論は結論づける。

しかし、突きつめていくと、そもそも自由意志を与えられたのは神であるので、神が悪の責任を問われても理屈としてはけっして不自然ではない。しかも、グリフィンの指摘のように、アウグスティヌスの「神は人々の意志を動かすことにより、人々を通してなしたいと願うことを行われる」という理解に立つと、人間に自由意志というものが本当にあるのか、[*46] という疑問が残る。さらに、スコットが、天国において自由が阻害されることなく完成されるというアウグスティヌスの見解に対して、なぜ神は最初からそうした自由を人に与えなかったかと、[*47] 疑問を呈するのは理にかなっている。

③ ソウル・メイキング神義論 (Soul-Making Theodicy)

ソウル・メイキング神義論は、二〇世紀後半のイギリスの宗教哲学者、ジョン・ヒック (John Hick, 一九二二～二〇一二年) がイギリスの詩人ジョン・キーツの言葉を借りて名づけたものと言われており、日本語にすると「魂の修練の神義論」、あるいは「霊的形成的神義論」と訳せる。[*48] ヒックは自由意志による擁護論をアウグスティヌス型神義論とみて、それと区別するために、自身の提案する神義論をエイレナイオス型神義論と分類するが、これはスコットによれば、エイレナイオスとヒックの神学的立場の違いなどからみて不適切であると思われる。[*49]

ソウル・メイキング神義論は名前どおり、魂の成長を中心にして展開される。それは当然「まだ完成に至っていない」という前提を持ち、人間は進化の過程の中にあるという理解を含む。必然的に悪の問題をその過程と目的の枠内で考え、ヒックの理解によれば「悪の本質とは、生まれつき利己的な本能が備わっている肉体的な生と、他者への思いやりを持つ霊的な生との、道徳的かつ霊的な隔たり」[*50] であるとする。

また、考えられるかぎりの最善の世界とは、人間が肉体的に楽しめる「楽園のような場所」ではなく、道徳的かつ霊的に成長できる「学校の教室のような場所」だと説明する。[*51] とは言いつつも、ソウル・メイキング神義論がすべての悪や苦しみを意味あるものとみているわけではなく、単純に破壊的なものがあることも認める。ヒックはその過剰な悪を「無目的悪」と呼び、それが実際に存在することに対して「悪の神秘」と解説するが、結局その悪の神秘がマクロなレベルではソウル・メイキングという目的に貢献するのだという。[*52] こうして人間は「神のすがた」を獲得することになるというのが、この神義論の中核である。

この理解は、全地球的な範囲に広げない程度なら、教会の中でも身近なものとして用いられている。「キリストの満ち満ちた身丈にまで達する」(エペソ四・一三)ことを目標とするキリスト者であれば特段違和感のある理解ではない。しかし、ヒックが提案するところは個人の成長にとどまらず世界の悪の問題を扱う。ここにこの神義論をより慎重に考察しなければならない理由がある。それは、悪や苦しみの問題が正当化される危険が潜んでいるからである。悪のことを悪として見つめるより、成長のための訓練に役立つものだと受け止めてしまう可能性もある。一歩ゆずって、仮に悪が成長のために役立つものと考えたとしても、成長のための代価が大きすぎるという非難が出てくる。それでも、ライスは育児原理の「良い母なら子どもが苦しむことを許すとき二つの原則を持つが、それは益が苦しみより大きいことと、この益をもたらすためのほかの方法がないことである」[*53] に触れながら、代価より最終的な益が大きいと確信するように促し、ソウル・メイキング神義論が神の限りない愛と豊さを強調している側面に光を当てる。

④ 宇宙的闘争神義論 (Cosmic Conflict Theodicy)

宇宙的闘争神義論の「宇宙的闘争」とは「神と悪魔との戦い」のことを指す。その巨大な戦いによって悪の問題を考えるので、この神義論は悪の所在を神にではなく、悪魔に置くことを試みる。聖書には悪魔の存在がいくつかの名前で登場するが、いずれも神や神の民に敵対する姿で描かれている。ライスはこの見解を示す代表的な人物としてアメリカの神学者のグレゴリ・A・ボイドとセブンスデー・アドベンチスト教会の創立者のエレン・G・ホワイトを挙げる。[*54] ボイドとホワイトの理解を提示しながら、ライスは続けて、彼らの理解はソウル・メイキング神義論に通じるところがあるという。[*55] それは、人間の堕落が神の意図するところではなかったものの、それによって人間が道徳的に成長できる環境が整ったという理解である。

しかし、N・T・ライトは悪魔への過度な意識に気をつけるよう次のように語る。「悪魔をあまりに真剣に受け取りすぎ、あたかも悪魔が神やイエスに対して同等に敵対するものと考え、あらゆる問題や苦しみや不幸の背後にサタンの影響や行動を見る間違いがある。[*56]」このライトの言うとおり、悪魔を神と同等のレベルでとらえ、神の統治に対する脅威とみなしていることは受け入れ難く、創造されたものが創造主に危険をもたらすとはとうてい考えられない。[*57] それに、この神義論を中心に悪の問題をとらえていく習慣がつくと、悪を仕方ないものとしてとらえ、その結果、悪の問題を放置してしまう可能性もあり、対処するにしても「祈り」だけの対処になりやすく、実際に取り組んで戦うべき悪の問題から逃げてしまう恐れもある。

⑤ プロセス神義論（Process Theodicy）

プロセス神義論はイギリスの哲学者アルフレッド・ノース・ホワイトヘッド（Alfred North Whitehead, 一八六一～一九四七年）が創唱したプロセス哲学を根幹とする。ホワイトヘッドの理解から少し修正を加えて、デヴィッド・レイ・グリフィン（David Ray Griffin, 一九三九年～）は一九七六年に「プロセス神義論」についてまとめた本[*58]を世に出す。プロセス神義論は、プロセス哲学において中心となる「実在」と「実在同士の相互依存」という概念や、その実在するものが「関係性」を持ち、「流転」するという考えを、神と被造物にも当てはめて展開する。こうした変化と相互依存という概念が取り入れられると必然的に、伝統的な神理解への修正を促すことになる。これが「苦しみを感じない全能の神という教理を却下した」形で現れたとスコットは解説する。[*59] 古典的な神学のように、神を冷徹な支配者と理解せず、「統治もせず、不動でもない」愛の持ち主としてとらえる。[*60] 具体的には「神の全能性」を否定し、[*61] 神と被造物との関係を書き換えるところまで繰り広げられる。[*62] つまり、神は支配する力を持たずに、被造物のすべてを決定することなどしないということである。その結果、被造物が持つ自己決定によって悪が生じても、神はそれを支配して積極的に取り除くことができないので、その悪に対する責任を負わなくてすむ。ただ、支配する力は持てなくても、その代わりに「説得する力」を用いて、神は人間を現実と喜びのさらなる高みへと誘う。[*63] 目標に向かう一つのプロセスの中で、神は人を無理矢理に引っ張ることをせず、説得して人間とともに働こうとする、というのがプロセス神義論の内容である。

プロセス神義論は悪を定義する際、本来的な善は何であるかという問いから議論を始める。その善とは「美」であり、美は「調和（harmony）」と「強度（intensity）」で要約されるとする。[*64] すると、悪とはその調和と強度の反対、「不一致（discord）」と「不必要な些末《さまつ》さ（triviality）」である。つまり、この不一致と不必要な些末さを克服するのが神の創造目的であり、必然的に増加された強度で生み出された混沌《こんとん》を神は秩序へと変える。ところが、そのプロセスの中で秩序はまた些末さとして現れる。それをまた高度な自由を持った被造物が強度をもたらすことで些末さを克服する。また、経験のより強い強度は、より大きい苦痛ももたらす。[*65] これが「なぜ世界にはこんなに悪が存在するのか」に対するプロセス神義論が差し出す答えである。ただ、神はその中で幸福だけでなく、同情と悲劇とに結びついた幸せを経験する。[*66]

グリフィンは「より強い強度に向かうよう世界を刺激するということは、神もより強烈な苦痛を経験する冒険を意味する」[*67]という。神は悪を克服するため働いており、善を最大化して悪を克服する人間の努力を受け入れつつ、善によって悪を克服するため継続的に働いている。[*68]

しかし、このプロセス神義論の理解に対して、スコットは、聖書解釈が恣意的であること、キリスト教神学が大事にしてきたキリストの「贖罪」が見当たらないこと、神を「人格的」ととらえるより「過程《プロセス》」とみる点、死後の希望を語らないところから、キリスト教神義論として充分に成り立つのかと疑問を呈する。[*69]

⑥ オープン神論の神義論（Open Theism Theodicy）[*70]

オープン神論は「神の解放性（openness of God）」という概念を骨子とする。この用語は一九九四年にクラーク・ピノックらによって書かれた『神の解放性——伝統的な神理解に対する聖書的チャレンジ』[*71]が出版されてから使われるようになったという。[*72]この解放性とは、伝統的な神学では馴染みのない用語であるが、神と被造物の関係が閉ざされておらず、開かれた形でダイナミックにもたれるという意味のものである。ピノックの説明によると、神は「不動の動者（Unmoved Mover）」ではなく、「最も動く動者（Most Moved Mover）」であるので、被造物との関係性に対して、神は開かれており変化しうるという。[*73]もちろん、オープン神論は、神が能力、知恵、愛において絶対的に完璧であるという立場を持つ。ただ、「神が完璧であるという真理ではなく、その完璧さがどのようなものかという点」で伝統的な立場と理解が異なる。[*74]

つまり、神について記述するとき、同じ言葉で性質を表現しても、既存の神学で理解していた内容とは異なる意味としてとらえるのがオープン神論の特徴である。[*75] ハスカーはその中でも特に論争を引き起こしてきたのは「ダイナミックな全知」(dynamic omniscience)という概念だと紹介する。これは「未来の出来事(全部ではなく)のほとんどが、『起こりうる出来事』と『おそらく起こる出来事』として神に知らされているが、『必ず起こる出来事』としては知らされていない」[*76]という意味である。ここがオープン神論の独自の神義論が生まれるポイントとなる。

神が自由な意思決定をする被造物に対してある出来事を起こすと決めるとき、神でさえもその被造物がどのように反応するのかを確実に知りえない。だから、被造物の自由な選択によって悪が引き起こされるということになる。この理解は自由意志による擁護論と基本的には同じものであるが、悪の問題に対して、自由意志による擁護論は「神の許容」と説明するのに対し、オープン神論神義論は「一般方針(general policy)+神の許容」と説明する。この「一般方針」は被造物に備わっている性格や可能性のことを指す。それを侵害しないという目的のために、自由の誤用やそれによる悪の問題を積極的に正すという介入を神はしないのだと、ハスカーは説明する。[*77] これは、神が被造世界に介入でき、動かす能力をも持つという前提を踏まえた展開であるので、結局、特定の悪がなぜ許されたか、なぜ神がそれを知りながら一般方針に任せて許容したかについては説明できない。

トーマス・ジェイ・オオードは、オープン神論神義論が認める「神の許容」によって、結局悪の問題を克服できず神秘に訴えることになると指摘する。[*78] ここでオオードは「ケノーシス的本性神義論[*79](Essential Kenosis Theodicy)」を掲げてさらに大胆な提案をする。「神の全知」に対するオープン神論の理解に、

「神の能力」という概念への修正を加える。彼は「私たちが真実でなくても、キリストは常に真実である。ご自分を否むことができないからである」（Ⅱテモテ二・一三）を用いて、神はご自分を否むことが「できない」ということを挙げ、歴史の中で多くのキリスト教哲学者や神学者が「神にできないことがある」ということを認めてきたことに触れる。*80

彼は続けてトマス・アクィナスの「なんであれ矛盾を伴うのは神の全能の範囲内にない」という言葉も紹介しながら、神が「丸い四角」や「結婚した未婚者」を造ることはできないこと（ヘブル六・一八）、悪から誘惑されえないこと（ヤコブ一・一三）、疲れられないこと（イザヤ四〇・二八）を挙げ、これらができるためには神が神であることをやめることになると説明する。*82 結局、神が悪を阻止しないのは、ケノーシス、すなわち神がご自分を空しくして、しもべの姿をとり、人間と同じようになった（ピリピ二・六〜七）という性質のためであり、相手を支配せず本人の自由を最大限尊重する愛のゆえに、自由な行動の結果として引き起こされた悪を阻止されないままであるとする。

この理解によれば、神は悪の直接的な原因でもなければ、許容もしていないので、悪に対する責任をまったく負わない。オオードは「ケノーシス的本性神義論の神は悪を許容も容認もせず（中略）悪のすべての事例を防ぐために努力する」*83と、悪の問題を完全に神から引き離す。

とはいえ、聖書が神の全知について語る箇所も少なからずあることを忘れてはならない。アメリカの神学者ジョン・フレームはオープン神論で認めない「神の予知」について「聖書は預言者的現象によって未来に対する神の知識をわれわれに示している。預言者的現象の一面は未来の出来事についての預言である」と反論を繰り広げる。[*84] しかし、歴史の中で神の介入もあるとするオープン神論の主張を認めるならば、フレームがいうようにユダヤ人大虐殺のような事件に介入しなかった神について「十分に顧みることをしなかった」[*85]という批判を受けることになり、それはケノーシス的本性神義論からも「そのような大惨事は神が介入するほどのものでなかったのだから、自明でまことの悪ではなかった」[*86]と言われかねない。だから、ケノーシス的神義論のほうがオープン神論神義論より隙がないので採用されるべきだといえるだろうか。そのためには、伝統的な神学で認められてきた「神の全知」と「神の予知」との議論がもっと十分にされなければならない。[*87]

⑦ 十字架の神義論（Cruciform Theodicy）

十字架の神義論という呼び方は神義論の体系の内実を指すものではなく、悪の問題について現代の神学が行っている考察の大枠を示すものである。[*88] その背景には、二〇世紀を迎えて目の当たりにした、二つの世界大戦の破壊的な力と、アウシュヴィッツという人間の理性では消化しきれない大惨事によって、キリスト教信仰の存在意義が問われるようになったことがある。その不可解な巨大な悪の問題に対し、ドイツの神学者、ユルゲン・モルトマン（Jürgen Moltmann, 一九二六年〜）は自身の著書『十字架につけられた神』[*89]で神の苦しみの神学を展開し、その答えを見出そうとした。彼はまずキリスト教信仰の危機が二つの側面で露呈されたと指摘する。外部の世界と関係を持てなくなったという「関係性の危機」と、その世界と区分できないほどまったく同じようになってしまったという「同一性の危機」がそれである。それはひとえに「十字架の神学の欠如」によるものだとモルトマンは診断する。そこから既存の十字架解釈における欠点について分析し、十字架につけられたイエスとはいったい誰であったかを明確にすることを試みる。律法に対しては「神を冒瀆《ぼうとく》した者」として、政治権力に対しては「扇動する者」として、神に対しては「神に捨てられた者」としてイエスは十字架につけられたと説明する。

続けて、イエスの復活を終末論的にとらえた上で、復活からイエスの十字架での死を見て、イエスが復活と十字架での死によって未来を先取りした者であることを明確にする。未来とは歴史の終わり、「神の義の勝利」のことであるが、「復活において行動された神を見つけるなら、イエスの十字架で苦しまれた神（Gott in Passion）を発見せざるを得ない」[*90]と議論を深める。要するに、神は十字架でイエスを捨てることで、神は神ご自身を捨て、神もそこで苦しみを受けたということである。キリスト教の神は「十字架につけられた神」であると、モルトマンは結論づける。

このモルトマンの「十字架につけられた神」という理解は伝統的な神学で保持されてきた「神の不受苦性」という概念を修正するよう迫る。神が苦しまないという教理は、モルトマンに言わせれば、十字架を、父に対する子の関係、つまり三位一体的に理解せず、和解の死として直接人間の罪に結びつけたことによって生み出されたものである。[*91] しかし、「子を捨てることによって父はご自身を捨てる。子を差し出すことによって父はご自身を差し出す。（中略）子を捨てて差し出す神ご自身が愛の無限の悲しみの中で子の死を苦しむ」という意味で神は苦しむとモルトマンは捕捉する。[*92] それゆえ、この神の中にある分離は歴史のすべてを包み込むので、「歴史の中で神を考えるとき」有神論や無神論に至らざるを得ないが、「神の中で歴史を考えるとき」われわれは新しい創造と神格化に至ると彼は言う。[*93]

モルトマンの理解に則って十字架の神義論を考えると、悪の所在は明らかにされない。しかし、神がその悪と無縁であるという考えは排除されるようになり、神がその悪の最中にいて被造物と共に苦しむという新たな神理解が生まれてくる。十字架において神が自身を捨てるという分離を経験したのであれば、現実の世界であらゆる悪によってさまざまな疎外を経験する人々の苦しみがそのまま放置されることなく扱われることになる。同時に、十字架には復活という「神の義の勝利」が先取りされているので、悪のとげに脅かされても、いつかではなく、いま終末の希望に生きることができる。

しかし、十字架の神義論は神義論としては不十分だという指摘を免れることはできない。神義論のおもな問いである、悪の起源、悪の本質、悪の問題、悪の根拠、悪の結末を扱っていないからである。*94 また、神の完全性や超越性を否定する恐れもあり、人間の姿を神に投影してしまう危険も潜んでいる。*95

⑧ 反神義論（Antitheodicy）

反神義論は、理論的にあるいは道徳的なさまざまな理由から神義論を拒絶する立場をとる。*96 理論的な理由とは、神義論で扱われる悪についての議論が理論的に不十分であり、結果、悪の問題をまったく究明していない、ということである。道徳的な理由とは、神義論の営みがもたらす結果が悪によって苦しむ当事者にとって益にならない、ということである。神義論への拒絶は、神義論の理解を拒むという穏健なものから、怒りなどの感情を伴った抵抗のような形まで、さまざまである。またその立場も有神論的なものもあれば、無神論的なものもある。神義論を非難する有神論者たちは神への信仰を肯定しつつ、神義論を修正するか、もしくは放棄することを勧める。*97 その厳しい批判にもかかわらず、スコットは「より厳密に理論的な説明を行い、生きている苦しみの現実をもっと感受性豊かに丁寧に扱うことによって、神義論の内容を高めることが必要」であると反神義論の挑戦を肯定的にとらえる。[*98] 一方、無神論側の反神義論は、現実世界における悪の問題に対して憤りを覚え、神の存在を認めない結論を見出す。しかしライスは、その無神論者の悪への反応こそが「超越している道徳的な存在」を想定してのものであるので、反神義論の理論的な一貫性は失われていると指摘する。[*99]

これほどまでに神義論は幅広い見解を生み出している。共通するところもあれば、互いに理解が離れているものもある。この事実にまず謙虚にさせられる。哲学の分野から展開したものもあるが、どの神義論もその根拠を聖書に置いているからなおさらである。同じ聖書を読んで、悪に対して、神に対して、こんなにも異なる理解を持てることに改めて驚かされる。聖書がその答えを隠している部分があるからでもあるが、人間の理解がいかに断片的で不十分なものであるかを教えられる。もちろん、各神義論はそれぞれ強みも持っており、同時に弱点も抱えている。

しかし、だからといって、いいとこ取りですべてを取り入れることもよい結論とは思えない。だから、以上の理論的な神義論についての議論と研究は続けて展開されていかなければならない。と同時に、実際に現実の世界に当てはめるための違う次元の神義論、すなわち実践的な神義論が出される必要もある。その具体的な内容や考察は次の機会のためにとっておきたい。代わりに、疫病を神義論の観点からどうとらえることができるか、神学の知見や聖書学の観察とどう総合的にみることができるか、疫病をとらえる実践的な神義論について少し考えてみたい。

疫病をどうみるか

以上で神義論を説明する際に、あえて悪の悲惨な現実にはあまり触れずにドライなアプローチをしたのには理由がある。今回のテーマである疫病の問題に戻ってこなければならないからである。この章でようやく、悪に対する理解の全体像から、疫病という一つのテーマに絞ることになる。しかし、理論的な神義論をそのまま適用するのは簡単な作業ではない。個別の事案にはそれが持つ特殊性もあり、さらにはそれが持つ他の要素との相互性をも考慮されなければならない。たとえば、疫病は単純に悪だといえるだろうか、という問いがある。

また、悪だとすれば、自然悪であるか、道徳悪であるか、という議論が続く。悪とは言い切れないという意見もあり得る。短期間のことでとらえることもできれば、長い歴史の中で疫病を見ることも可能である。個人の領域に絞って観察することもあるし、グローバルな視点で考察することもある。だから、ここで疫病を神義論の観点で見直す時の神義論は実践的な神義論とならざるを得ない。つまり、特定の一つの神義論に固執することなく、少し緩やかな理解で疫病を見直すことになる。最初に悪としての疫病について考察し、神義論の観点から悪としての疫病と神との関係について掘り下げてみる。最後にほかの知見と総合的に考えて一つのガイドラインを提示することまでできればと思う。

(1) 悪としての疫病

疫病を悪としてみるなら、まず「自然悪[*100]（自然発生のもの）」か「道徳悪（人間によるもの）」かを考える必要がある。しかし、疫病そのものを分類するのも簡単ではなく、疫病によって引き起こされる現象をどのような悪としてとらえるのかも非常に難しい。ウイルスは自然界からのものととらえ「自然悪」と結論づけたいところだが、人間がその媒介となっているだけでなく、引き起こされる現象として致命傷を被るのはほぼ人間だけのようにみえる。それでもその存在がもともと自然由来のものであり、人間が直接的に引き起こすものではないとみて「自然悪」ととらえることにする。

自然悪に関して言えば、それはいまの被造世界が存続するかぎりつきものである。実際、神に造られた世界で自然悪はさまざまな形で存在し続けてきた。一章で確認したようにレノックスは、自然悪に対して人間の責任がないという立場をとっていた。[*101]すると理屈では、自然災害や病気などの自然悪は神に由来するものだということになる。しかし、それもレノックスは神の創造された世界を最初の人間が壊し、歴史の中でよく管理できなかったからだという。[*102]要するに、自然悪の問題は神の責任でもなければ、人間の責任でもないということである。だとすれば、疫病はただの自然悪ではなく、厳密には「道徳悪によって生じた自然の欠陥で生まれた自然悪」になる。

ところが、疫病を「自然悪」と括ることで問題がすっきりするかといえば逆である。シュトッシュはこう語る。「近代のキリスト教信仰が直面した『激震』として、この世の苦しみについての最大の疑問を投げかけたのは、実はアウシュヴィッツではなく、一七五五年のリスボン大地震のような自然災害でした[*103]」

と、道徳悪より自然悪に関する理解が困難であることを強調する。そこからシュトッシュは科学の分野の知見に聞きながら、自然悪が引き起こされることがない、いまより良い世界というのは存在できないのかという命題に取りかかる。彼はここで、プロセス神義論、オープン神論の理解でも強調される「世界の自律性」をもって解説する。神が介入する構造より、自律性が優先されているいまの世界が良いという。さらにその自由を可能にするものとして自然法則が存在し、その自然法則があるかぎり、自然悪も避けられないと語る。そして、いくつかの根拠をあげながら、いまの自然法則をより良くするのは物理的にも論理的にも不可能だと論証する。

しかし、疫病を単なる自然悪とするのは半分だけの理解になる。疫病は人間の自由意志と密接に関わってくる。その感染の勢いは人間の意思決定と無関係ではない。それに、物理的な被害以上に二次被害も尋常ではない。経済的な打撃から始まり、社会的な問題として深刻化し、政治の不安定、ひいては過度な権力の集中という問題まで発展する。コロナ禍はまさにその代表例である。自然悪より大きな道徳悪をわれわれは目の当たりにしている。

その悪の問題について人々が悲鳴をあげ「神はいま何をしているのか」と鬱憤をはらすとき、それは自然悪に対するうめきのようにみえるが、本当にそうだろうか。実のところ、自然悪によって引き起こされた人間の諸問題に対する憤りでないだろうか。であれば、「神は何をしているのか」の質問は見せかけで、「我々はいったい何をしているのか」が本当の問いであろう。

なぜ疫病のような自然悪が自然法則によって生じたかについて考えることには限界がある。自然悪は人間中心で考えるために定義づけられるものであるし、人間がいるから「悪」と言えるからである。さらに、この自然法則ではない他の法則によってどのような世界になっているか正確に検証することなどできない。だからそこで、神のせいだと、無神論に走ることもできるだろう。しかし、そのとき神に向かってせいぜい言えるのは「なぜこのような疫病のある世界でなければならないのですか」である。「この悪に対する責任をどうとってくれますか」ではない。

でも、人間の心は弱くまたひねくれていて、後者の質問を好む。やはり疫病という悪に対して、人々の多くの怒りは自然悪に向けられているより、道徳悪に向けられているようにみえる。これには道徳悪による被害をも自然悪のせいにし、自分がなすべきことを他のだれかに、さらには、人間が担うべきことを神に背負わせようとするさらなる悪が潜んでいる。疫病という悪によって引き起こされる苦しい現実に対して弱音を吐いてはならない、ということではけっしてない。弱音の方向性が変えられることが求められていると思う。

(2) 疫病と神理解

次に、疫病という悪の問題は、私たちの神理解に対して修正を迫るものだろうか、という問いを検討しなければならない。神義論では「神の能力」や「神の善」というテーマがさまざまな角度から議論されている。悪としての疫病の問題に取り組むとき、私たちはもう一度、私たちが信じてきた神の姿と向き合う必要がある。疫病は形而上学的な悪としてではなく、実態のある厳然たる悪として存在しているからだ。悪の破壊力は安易に否めるレベルのものではない。だからここで、善にして全能なる神はこのような状況とどう向き合っておられるかを考えることは非常に重要である。

否定的なところから最初に考えてみたい。神義論の議論をとおして一つ明確にされたのは、神理解の不一致である。そのことは何を示すものなのか。人間の神理解は断片的であることと、少し飛躍のようにみえるかもしれないが、人が自分の考えの投影としての神の姿を見出してしまうという点である。もちろん、その投影とは無根拠のものではなく、聖書に基づくものではある。しかし、神義論の展開には、どうしても自分がみたい神像を優先的に持ち出したり、自分の理論に当てはまる神の姿を軸にしてしまう傾向がみられる。このことを踏まえて、疫病という悪を考える際、「願望を投影した神像」をなるべく避けることを目指したい。

第一に、疫病を「神のさばき」ととらえることは神理解の修正を促すのか。聖書の文脈を調べたとき、疫病の文脈は「契約関係」またそれによる「神と民との関係性」を背景にしていることが確認された。その閉じられた関係があるならば、当然その関係性の外にいる者たち、いわば異邦人や敵がいたわけである。その「ご自分のものと外部のもの」という構造の中で、しるしとしての疫病が用いられたと理解しても良かろう。しかし、現在はどうであるか。イエスの十字架によってその構造は打ち壊された。あえて「味方か敵か」を考えるなら、人間は究極的にはみな神の敵なのである。民を懲らしめるためや敵をさばくため、という区分はなくなり、神の前でどんな人もさばかれなければならない。そのような意味で、さばきという文脈で「疫病」が特段有効であるとは思えない。死そのものが常に人間の最終的な敵として存在してきたわけで、そこから起こるさまざまな死のとげが人をさばきの文脈に押し入れた。「死を用いての神のさばき」という観点によれば、疫病は神のさばきだといえるだろうが、それは疫病ではなくても風邪などの他の病気のケースにも言えることである。

では、神の善に関してはどうだろうか。その理解が修正されるべきだろうか。神の介入に関して言えば、介入があれば善で、介入がなければ悪だと簡単に言えないのは、神義論の詳細から確認したところである。むしろ、見守ることが善である場合も多い。それは「信頼」や「期待」という言葉で表現されるものである。確かに疫病の破壊力は絶対に侮れない恐ろしいもので、神の介入を切に願わされるものである。しかし、存在そのものが破壊的である自然悪（大地震など）とは異なり、疫病に限って言えることは、それによって引き起こされる人間による道徳悪のほうが悲惨な状況を迎えている。

もちろん、疫病と一括りしても、中世の疫病と現代の疫病とは本質は同じでも異なる自然悪としてとらえるべきではないかと考える。でも、劇的な形でなければ神の介入がないという性急な決めつけも偏った理解ではないだろうか。神はわれわれの願うとおりではなくても、この状況に介入し、ご自分が善いお方であることを示しておられる。この問題に悩みながらも取りかかる人々が主の手足として闘っていることがその証しであろう。

最後に、神の能力はやはり否定されるべきであろうか、について考えてみたい。たしかに、疫病を劇的に変える神の力はまだ示されていない。だから、その能力がないと、プロセス神義論やケノーシス的本性神義論は神の「できない」に焦点を当てる。もちろん、それが必ずしも伝統的な「神の全能」を否定していることでないことを以上でみてきた。神の本質やポリシーと矛盾することはできないというのがその説明である。でも、個人的にはオープン神論でいう説明の方が説得力があるように感じる。神は創造者として何でもできるという能力の方が慰めと励ましとなるからだ。実際にその能力を支持している聖書の箇所はたくさんある。十字架の神義論は神の自己分離を中心として語る。調和される部分が垣間見られるところである。能力があるけどそれを発揮しないという自己矛盾、その極致がまさに十字架であり、十字架こそが自分を空しくするケノーシスの本質である。自己矛盾を避けるためにケノーシスがあるというオオードの説明で、かえって神の自己保身というものが感じられる。「全能である神が、その能力を発揮しない」という疫病が物語っているところを大事にしてもいいように思える。

(3) 疫病の神義論

疫病は間違いなく「悪」だという理解から、悪を美化したり、正当化する試みは排除すべきだと考える。悪は実体あるものとして、とりわけ疫病という形で現れ、実際に現代社会においても悩みの種となっている。だが、その悪には「自然悪」という側面と「道徳悪」という側面、両方があることに注意を払わなければならない。神はよい世界を造り、自然法則を設け、被造物の自律性を尊重する。だから、その中で疫病という自然悪が生じたため、疫病は中立的なものとしてとらえられる。一方で、疫病の蔓延には、人間の自由意志によって引き起こされる道徳悪の側面が大きい。そこで、道徳悪の領域を明確にしようと努力するとともに、それを自然悪と混同して悪の所在を把握しようとすることは避ける必要がある。神は疫病禍においても善にして全能なる神である。世界、人の自律性をどこまでも重んじる愛の神である。それにも悪を積極的に取り除くことはしないところで神の自己矛盾が示される。「神がいるのか」という鋭い批判を耐えつつ、神は自身の手足を用いて善い働き、力ある働きをなしておられる。そして、苦しむ者たちとともに苦しんでおられる。

結

疫病は「神のさばきであるのか」という問いから疫病の神学の可能性を考えてみた。神学、聖書学の知見から考察する中で、見解の不一致など、総合的に判断することの難しさがあった。そこで、神義論の議論を参考にして、悪の問題や、神理解についてさらなる考察を重ねることができた。しかし、理論的な神義論をそのまま疫病理解に当てはめることは困難で、現実の文脈で考える実践的な神義論、いわば疫病の神義論のことを試みたのである。そのことで、疫病という悪をどうみるか、そして、その悪と向き合っておられる神の姿がほんの少しみえたような気がする。少なくとも、単純に「神は疫病をもってこの世界をさばいている」と語るためにはさまざまな難関をとおらなければならないので、性急にその発言をすることは控えるべきであることは明らかではないだろうか。ひいては、悪と向き合うキリストの教会の姿勢、思考、議論、適用、すべてを振り返ってみる機会にして、「すべての苦難（悪）は善いものだ」という断片的な理解や、その他の悪の現実を用いた高圧的な伝え方などを避けられるよう努めたい。あわせて、知り尽くすことのできない神をあがめ、この方に信頼し、この方をより深く知っていくことを願う。

注

1 オーバー・ザ・トップ・コンテンツ・プラットフォームの略語。いわゆる、ネット動画配信サービスのこと。

2 중앙일보（中央日報）とのインタビューで「私も教会に通う者ではあります」と発言したことによれば、である。（https://www.joongang.co.kr/article/25026896）

3 筆者が手に入れられた本は以下の通りである。記す順番は出版された年月順である。ジョン・レノックス『コロナウイルス禍の世界で、神はどこにいるのか』（森島泰則監修、山形優子マットマン訳、いのちのことば社、二〇二〇年）、ジョン・パイパー『コロナウイルスとキリスト――未曾有の危機に聖書を読む』（渡部謙一訳、いのちのことば社、二〇二〇年）、안명준 외 17명（アン・ミョンジュン他17名）『전염병과 마주한 기독교（伝染病と向き合うキリスト教）』，노영상．이상규．이승구（다함，2020）、Walter Brueggemann, Virus as a Summons to Faith: Biblical Reflections in a Time of Loss, Grief, and Uncertainty (Cascade Books, an Imprint of Wipf and Stock Publishers. Kindle. 2020)、N・T・ライト『神とパンデミック――コロナウイルスとその影響についての考察』（鎌野直人訳、あめんどう、二〇二〇年）、김지찬（キム・ジチャン）『성경과 팬데믹 - 하나님，우리의 유일한 위로와 피난처（聖書とパンデミック――神、我らの唯一の慰めと避け所）』（생명의말씀사，2020）

4 9章「初代教会当時の伝染病」（イ・サンギュ）、10章「ルターと黒死病」（ジュ・ドホン）、11章「ツヴィングリと黒死病」（チョ・ヨンソク）、12章「カルヴァンと黒死病」（アン・ミョンジュン）、13章「ブリンガーとチューリヒの黒死病」（パク・サンボン）、14章「ベーズと黒死病」（ヤン・シンへ）、15章「韓国初期キリスト教と伝染病」（イ・ジェグン）という構成になっている。

5 이상규（イ・サンギュ）．「02 중세 흑사병은 하나님의 징계였을까？（中世の黒死病は神のさばきだったのか）」．『전염병과 마주한 기독교（伝染病と向き合うキリスト教）』，노영상．이상규．이승구（다함，2020）

6 'Martin Luther: Whether One May Flee From A Deadly Plague' https://www.christianitytoday.com/ct/2020/may-web-only/martin-luther-plague-pandemic-coronavirus-covid-flee-letter.html
7 John Calvin, *Institutes of the Christian Religion*, trans. Henry Beveridge, Accordance electronic ed.（Edinburgh: Calvin Translation Society, 1845）, paragraph 1538.
8 Ibid., paragraph 1539.
9 Ibid., paragraph 1540.
10 ジョン・パイパー、前掲書、四九頁
11 ジョン・レノックス、前掲書、一九頁
12 同上、三一頁
13 N・T・ライト、前掲書、七八頁
14 同上、四八頁
15 Walter Brueggemann, ibid., 14.
16 特別な表記がないかぎり『聖書　新改訳２０１７』を用いる。
17 Ibid., 16.
18 Ibid., 26.
19 김지찬（キム・ジチャン）, 38.
20 N・T・ライト、前掲書、二五頁
21 同上、二六頁
22 김영호,「08 사도행전 - 요한계시록의 전염병（使徒の働き――ヨハネの黙示録の伝染病）」,『전염병과 마주한 기독교（伝染病と向き合うキリスト教）』, 노영상 . 이상규 . 이승구（다함 , 2020)
23 김지찬（キム・ジチャン）,39
24 N・T・ライト、前掲書、三四頁
25 同上、三五～三六頁

26　同上、三七頁
27　M・S・M・スコット『苦しみと悪を神学する――神義論入門』加納和寛訳、教文館、二〇二〇年、八一頁
28　同上
29　クラウス・フォン・シュトッシュ『神がいるなら、なぜ悪があるのか』加納和寛訳、関西学院大学出版会、二〇一八年、二頁
30　M・S・M・スコット、前掲書、八五頁
31　同上、八六頁
32　シュトッシュの著書のタイトルはもともと『神義論（Theodizee）』であるが、日本語訳のタイトルは『神がいるなら、なぜ悪があるのか』となっている。これはおそらく、この質問の方が神義論という言葉に馴染みのない日本人読者に理解されるだろうと思ってのことであろう。
33　David Ray Griffin, *God, Power and Evil: A Process Theodicy*（Philadelphia: The Westminster Press, 1976）, Korean Edition（Translated by Sehyung Lee, Iemun Press, 2007）, 16.
34　筆者が読み終えたものは、今回取り上げられる八つの神義論のうち二つ（プロセス神義論、十字架の神義論）しかない。
35　入門書もそうであるが、自身の神義論を説明するために、著者たちは既存の神義論を理解する作業から始めている。それらの理解から共通した内容をまとめることにしたので、今回のまとめがずさんな把握にはなっていないとは思う。それにしても、望ましいのは、代表的な著作をすべて読み、まずそこから内容を把握することである。今後の課題としたい。
36　筆者が触れた本の中で、Richard Rice だけがこの完璧な計画神義論（Perfect Plan Theodicy）を一つの章で説明している。Richard Rice, *Suffering and the Search for Meaning: Contemporary Response to the Problem of Pain*（Downers Grove IL: IVP Academic, 2014）, Korean Edition（Translated by Jung IL Lee, CLC, 2018）, 37　Ibid., 64.
38　『ウェストミンスター信仰基準』日本基督教改革派教会大会出版委員会編、新教出版社、一九九四年

39 ハイデルベルク信仰問答は摂理に関して「全能かつ現実の、神の力です。それによって神は天と地とすべての被造物を、いわばその御手をもって今なお保ちまた支配しておられるので、木の葉も草も、雨もひでりも、豊作の年も不作の年も、食べ物も飲み物も、健康も病も、富も貧困も、すべてが偶然によることなく、父親らしい御手によってわたしたちにもたらされるのです。」と答えている。『ハイデルベルク信仰問答』吉田隆訳、新教出版社、一九九七年

40 J・I・パッカー『聖書教理がわかる94章――キリスト教神学入門』篠原明訳、いのちのことば社、二〇一二年、七九頁

41 Richard Rice, ibid., 68.

42 自由意志による擁護論に関しては、グリフィンがアウグスティヌスの立場を分析し、それに応答したところをおもに参考にした。David Ray Griffin, ibid., 61-82.

43 スコットは「ヒックは自由意志による擁護論を『アウグスティヌス型神義論』に分類します」と紹介しながら、アウグスティヌスとの関連を強調している。M・S・M・スコット、前掲書、一〇二頁

44 同上、一一四頁

45 David Ray Griffin, ibid., 80-81.

46 Ibid., 75.

47 M・S・M・スコット、前掲書、一二五頁

48 同上、一二九頁

49 スコットはさらにこういう。「ヒックの守護聖人にふさわしいのはエイレナイオスではなく、オリゲネスではないかとわたしは思います。オリゲネスの思弁的な神学には、悪の問題、神学的な隠喩への関心の高さ、あるいは普遍救済説のようなリスクの高い理論に取り組む意気込みがみられるからです。」同上、一三三、一三四頁

50 同上、一三八頁

51 同上、一三九頁

52 同上、一四二頁

53 Richard Rice, ibid., 115.

54 Ibid., 122, 126.

55 Ibid., 130.

56 N・T・ライト『悪と神の正義』本多峰子訳、教文館、二〇一八年、一三六頁

57 Richard Rice, ibid., 132.

58 すでに言及しているがもう一度ここに記す。David Ray Griffin, *God, Power and Evil: A Process Theodicy* (Philadelphia: The Westminster Press, 1976)

59 M・S・M・スコット、前掲書、一六三頁

60 同上

61 同上、一六四頁

62 同上、一六五頁

63 同上、一六七頁

64 David Ray Griffin, ibid., 357.

65 Ibid., 371.

66 Ibid., 384.

67 Ibid., 392.

68 Ibid., 393.

69 M・S・M・スコット、前掲書、一八〇～一八二頁

70 オープン神論の神義論にあわせて、ケノーシス本性神義論（Essential Kenosis Theodicy）も論じる必要がある。悪の問題に関する理解や解決に対して両者はほとんど同じ見解を持つ。

71 日本語名は私訳。原著名は以下のとおりである。Clark Pinnok, Richard Rice, John Sanders, William Hasker, and David Basinger, *The Openness of God: A Biblical Challenge to the Traditional Understanding of God*（Downers Grove,

IL: InterVarsity Press, 1994)

72 *God and the Problem of Evil: Five Views* edited by Chad Meister and James K. Dew Jr.（Downers Grove, IL: InterVarsity Press, 2017）, Korean Edition（translated by Yong Joong Lee, Holy Wave Publishing Co., 2020）, 104.

73 Ibid., 106.

74 Ibid., 105.

75 ウィリアム・ハスカーはこれについて「神の永遠」について伝統的な理解とオープン神論の理解を比較する。伝統的な理解では「時間を超越する（timeless）」と理解していることに対し、オープン神論では「永遠に存在する（everlastingness）」という意味合いだとする。Ibid.

76 Ibid., 106.

77 Ibid., 127.

78 Ibid., 287.

79 筆者の私訳である。韓国語訳では「本質的ケノーシス神義論」としているが、韓国語にしても日本語にしても「essential」を「本質的」と直訳してしまうと意味がよく把握できなかった。オオードの文書でよく「本性／性質」という言葉が使われていたので、「ケノーシス的本性」と訳した。

80 Ibid., 142.

81 Ibid., 142-3.

82 Ibid., 143-4.

83 Ibid., 290.

84 John M. Frame, *No Other God: A Response to Open Theism*（Phillipsburg, N.J.: P&R Publishing, 2001）, Korean Edition（translated by Sung Kook Hong, P&R Korea, 2005）, 232.

85 Ibid., 162.

86 *God and the Problem of Evil: Five Views*, 288.

87 この「神の予知」について議論するために、筆者の修士論文『「神による נסה（試みる）」について』を参照していただきたい。旧約聖書における「神の試み」は人の「心を知る」という目的と密接な関連があるというところの議論が含まれている。論文の最後にはまさに「オープン神論との対話の可能性」についても触れている。
88 M・S・M・スコット、前掲書、一八五頁
89 原著詳細内容は以下のとおり。Jürgen Moltmann, *Der gekreuzigte Gott—Das Kreuz Christi als Grund und Kritik christlicher Theologie* (München, Chr. Kaiser Verlag, 1972) 日本語訳『十字架につけられた神』(喜田川信ほか訳、新教出版社、一九七六年)が手に入れられず、筆者は Korean Edition (translated by Kim, Kyun Chin, Christian Literature Society of Korea, Seoul, 2017) を用いることになった。
90 Ibid., 274.
91 Ibid., 287.
92 Ibid., 357.
93 Ibid., 363.
94 M・S・M・スコット、前掲書、二一四頁
95 同上、二一五頁
96 同上、二一九頁
97 同上、二二七頁
98 同上
99 Richard Rice, ibid., 202.
100 「物理悪」とも呼ぶ。
101 ジョン・レノックス、前掲書、二〇頁
102 同上、五六頁
103 クラウス・フォン・シュトッシュ、前掲書、八八頁

勝利を得るために、大きな患難を経て

ヨハネの黙示録六章の封印によって災いを考える

日本長老教会・西武柳沢キリスト教会 牧師　星出卓也

序　疫病と教会の使命

二〇二二年の信州夏期宣教講座のテーマは「疫病と教会の使命」です。このテーマをヨハネの黙示録から読み解くというのが課題です。ヨハネの黙示録の中に疫病について語っているのはさほど多くはありません。直接的には、疫病は六章の七つの封印の中の第四の封印に出てきます。ヨハネの黙示録六章七〜八節に次のようにあります。

「子羊が第四の封印を解いたとき、私は、第四の生き物の声が『来なさい』と言うのを聞いた。私は見た。すると見よ、青ざめた馬がいた。これに乗っている者の名は『死』で、よみがそれに従っていた。彼らに、地上の四分の一を支配して、剣と飢饉と死病と地の獣によって殺す権威が与えられた。」

他にも、疫病のモチーフを用いたものはあります。一六章二節に「悪性の腫れもの」という言葉が出てきますが、これが疫病を指しているとは言えません。疫病のモチーフを用いて、大バビロン流の生き方に染まる人々の貪欲から貪欲に進み、真理から遠ざかる状態を「悪性の腫れもの」の象徴で表したものと思われます。

さて、この六章八節からヨハネはどのような啓示を受け、教会に何を語っているのかを読み解くのは、この箇所が置かれている文脈から読み取る以外にはありません。「言った者勝ち」の勝手な解釈から守られるには、文脈に基づく以外にはありません。そもそもヨハネの黙示録は、どのような全体構造となっていて、その中にこの箇所はどのように位置づけられているかを考えなければなりません。六章八節を読み解くには六章全体を読み解かなければならず、六章を読むには、四～七章の区分の持つ意味を考えなければならず、四～七章の区分を読み解くには、黙示録全体の構造から始める必要があります。少々回り道ではありますが、ヨハネの黙示録の全体構造から始めることとしましょう。

I　黙示録の全体構造「発展的並行性」

ヨハネの黙示録は、ある期間のことを繰り返し語るという特徴を持っています。ある期間とはキリストの初臨からキリストの再臨までの期間です。つまり、この期間の中にヨハネが生きた一世紀末の教会も入っていましたし、この二一世紀に生きる私たちも入っています。ですから黙示録は、歴史上のある出来事だけを特定して語っているものではありません。遠い将来の出来事を「〇〇の大予言」のように言い当てられたとしても、それが一世紀の教会にとって何の益にもなりません。この書は、ヨハネが生きた一世紀末の小アジアに生きた教会を励ますために送られたものであり、同時にすべての時代の教会を励ます普遍的なメッセージです。

キリストの初臨から再臨。この同じ期間の性質を何度も何度も黙示録は繰り返し、章を追うごとに語っています。つまりヨハネの黙示録は一章から二二章まで時系列順に配置されているのではない、繰り返し同じ期間のことを語る「並行性」というものを持っています。並行関係にあるものを区分してみましょう。

第一区分・燭台の間を歩まれるキリスト（一～三章）

「七つの燭台は七つの教会である」と一章二〇節にあるように、キリストが「七つの教会」つまり、「七」は神の神聖、神の完全を指している数字ですので、主のものとされた教会の真中にはいつもキリストがおられて、主がいつも教会を守り、ご自身の教会にふさわしく訓練し、導いておられるという地上の現実の姿を語っています。ヨハネが生きた一世紀末の教会は「私ヨハネは、あなたがたの兄弟で、あなたがたとともにイエスにある苦難と御国と忍耐にあずかって」（黙示一・九）にあるように、主の御名のゆえの苦難に悩む教会でした。ヨハネ自身が「神のことばとイエスの証しのゆえに、パトモスという島にいた」（同節）とある迫害下の島流しと流刑の状況にありました。この地上にある教会の現実は、「狼の中に投げ込まれた羊」（マタイ一〇・一六参照）でした。

しかし、そうでありながら、霊的な視座に立つならば、教会の現実は主の御手の中にあり、主の御手によって支えられ、守られ、「しみや、しわや、そのようなものが何一つない、聖なるもの、傷のないものとなった栄光の教会」（エペソ五・二七）へと主の御手によって導かれている教会なのです。ヨハネの黙示録が全体として私たちに語っているメッセージは「物事は見かけとは違う」ということです。目に見える教会だけを見れば、吹けば飛ぶような小さな群れがあるだけですが、その現実は、キリストの御手の中にある主の教会なのです。「物事は見かけとは違う」「目に見えるものだけで地上の現実を判断するな」が、全体に貫かれているメッセージです

第二区分・天の御座と七つの封印（四〜七章）

ヨハネの黙示録四章二節にて「たちまち私は御霊に捕らえられた。すると見よ。天に御座があり、その御座に着いている方がおられた」とあるように、この第二区分のテーマは「天の御座」です。天の御座とあることから、この四章の記述は天国の描写だと説明する者もおりますが、そうではなく、天の御座が治め、統治しているこの世界、いわば地上の本当の姿を語っているものです。

先の第一区分では教会の赤裸々な現実が語られ、教会の堕落が語られましたが、この第二区分では、別な時代のことを語っているものではありません。すべてキリストが最初に来られてから再び来られるまでの、第一区分と同じ時代のすべての教会の現実を別な角度で語っているものです。四章は、この地上全体が、どのような罪とよこしまに満ちたものであっても、天の視座に立つ現実から見るならば、「天の御座」の統治に服している世界なのです。すべてが主の御目に明らかである、だけでなく、すべて主のみこころによって治められ、支配されている世界なのです。

そして五章にて、この霊的視座に立つ「天の御座」の支配を読み解く唯一の啓示者、解説者としてキリストが、この霊的な視座に立つこの世の現実を教会に解き明かし、教会がこの世にあって神の支配を委ねられ、主と共に王として治めるようにと招かれます（五・一〇）。

本章でのテーマの六章は、この文脈の中にあります。七つの封印が解かれて、四つの馬が出てきますが、すべてこの四つの馬は、キリストの命令によって送られる主の使いです。第一の馬は、勝利を治めるキリストご自身、第二から第四の馬は、どう考えても教会に災いをもたらす使いのように見えます。しかしこの馬が遣わされる目的は、教会を「しみや、しわや、そのようなものが何一つない、聖いなるもの、傷のないものとなった栄光の教会」とするためにキリストご自身が遣わしたものです。第二から第四の馬は明らかに教会にとっては迫害と苦しみ、この世の災害に教会も巻き込まれ、この世とともに悩み苦しみます。しかし患難はこの世にとっては滅びですが、主の教会はこの患難によって訓練され、父の聖さに与るよう神の手によって磨き上げられます。

そして七章は、あらゆる苦難と神の裁きの中、主に選ばれた民、教会は一人として損なわれず、主の御前に選びの民が集められることを語っています。十四万四千人は、「神の選び」を現す「十二」にもう一度「十二」を掛け（神に選ばれたイスラエル十二部族、神に選ばれた十二使徒のように）て百四十四となり、さらにそこに、全体を表す「十」を掛け、さらに「十」を掛け、さらに「十」を掛ける。つまり、選びの民全体のことです。選びの民は一人としてこれらの試練の中でも損なわれることはない、ということを語っています。

第三区分・警告と悔い改めを求める七つのラッパ（八～十一章）

この区分のテーマは、罪の世に対して神が警告をもたらす七つのラッパを語ります。段階的に神の裁きは警告を目的として送られます。地の三分の一が打たれるというのは、残り三分の二の民に対する恐ろしい警告です。しかしこのような警告が再三なされても、「これらの災害によって殺されなかった、人間の残りの者たちは、悔い改めて自分たちの手で造った物から離れるということをせず、悪霊どもや、金、銀、銅、石、木で造られた偶像、すなわち見ることも聞くことも歩くこともできないものを、拝み続けた。また彼らは、自分たちが行っている殺人、魔術、淫らな行いや盗みを悔い改めなかった」（黙示九・二〇～二一）とあるように、エジプト王のパロがモーセが送る災いに対しても心を頑なにしたように、悔い改めを拒むようになることが語られます。

その中に置かれた教会の姿が一〇～一一章に描かれます。「二人の証人」は裁判で有罪判決には複数の証人の証言が必要であることから、この世の罪を言い逃れのできないものとするために、主のみこころに生きる教会の姿が世の罪を明らかにし、言い逃れのできない証言となって、彼らに最終的な判決を迫るものとなることを語っています。そうして最後の審判の時が来ます。

第四区分・教会を憎む竜と獣（一二～一四章）

ここからヨハネの黙示録は大きく分けて第二の後半の区分となります。この世にあって苦しむ教会の姿が今まで語られてきましたが、どうして教会は迫害され、世から憎まれるのか。世から憎まれる、その背後にあるもの。神の敵、サタンの神に対する敵意と教会に対する憎しみがすべての背後にあることを一二章は鳥観図的に示しています。竜が女を憎み、女を押し流そうとする。これは明らかに創世記三章一五節の原始福音におけるサタンに敵対する悔い改めた神の子どもたち「女の子孫」をモチーフにしています。この竜であるサタンの教会に対する敵意を背景にして、一三章の海から来る第一の獣（地上の政治的権力が傲慢になり神の権威を要求し、礼拝を強要すること）、地から来る第二の獣（第一の獣を宣伝し、崇めるよう働きかける偽預言者）、一四章の大バビロン（富と金を礼拝する繁栄の都市文明）、これらすべては、それゆえに教会はいつの時代にも世から憎まれることを説明しています。最後の審判は世にあって悩む教会の勝利と、世への裁きを明示することになります。

第五区分・神の怒りの七つの鉢（一五〜一六章）

一五章は、神の怒りが注がれる七つの鉢の前に神の勝利を宣言し、一六章で、地上の聖徒たちを苦しめた神の復讐を語ります。これらに対する神の裁きとして、神は世の人々の心をますます頑なにさせ、悪の道を歩むままにさせます。彼らが神に対して心を頑《かたく》なにさせ、自らの悪の道を歩み続けることは彼らが自分の望むままを行う自発的なことでありながら、同時にそれは、神が彼らから恵みを取り上げた裁きの現れでもあります。出エジプト記の王ファラオが、神の裁きの結果、心を頑なにさせて、神に敵対し続けたように、世の人が神からの警告を聞き入れず、悔い改めを拒否し、己が道を究めることを通して神の審判は現れるのです。

第六区分・大バビロンの滅び（一七～一九章）

大バビロンが大淫婦として富と豪華さで多くのものを惑わせる様子、そのきらびやかな富が一瞬のうちに消えてなくなり、大勢の儲けにあやかってきた人々の嘆きが語られます。嘘で塗り固められた世界に対して、一九章は「白い馬に乗ったキリスト」がその聖なる支配を通して勝利を治めることを描きます。

第七区分・この世における御国の支配とその完成（二〇～二二章）

今までは、キリストの初臨から再臨までの同じ期間を繰り返し別な角度で語ってきましたが、最終区分では、再臨から突き抜けて、新しい天と地の完成にまで至ります。

この地上にて主の御国の支配を千年の間王として治めた聖徒たちが、新しき天と地においても御国の支配を継続して受け継ぐことを語っています。この千年の期間も、ある特定の千年の期間のことを語っているものではなく、今までと同じキリストの初臨から再臨までの同じ期間のことと考えられます。

このように黙示録が同じ期間のことを繰り返し語るのは、同じことを単に繰り返すためではありません。この期間を、ある区分ではある視点で描き、また次の区分では、その同じ期間を別な視点で描く。取り扱われる期間は、キリストの初臨から再臨までの全く同じ期間なのですが、全く違う角度から、区分を追うごとに、章を追うごとに違う視点で同じ期間のことが描かれていきます。

一三章においては、国家権力が肥大化し、神としての礼拝までも要求し、礼拝を拒む聖徒たちを殺すことまでも許される、という非常に厳しい現実を語ります。これは一世紀の教会が直面していた現実を十分に表すものでした。ローマ皇帝に生贄《いけにえ》をささげることを拒否した教会に対して、ローマ帝国は徹底弾圧しました。このことは一世紀に限られた現実ではなく、あらゆる時代に繰り返し起こったことです。形を変え、品を変え、地上の権威が神としての権威を主張する事態は多くの時代にも繰り返されました。一三章が描くことは、ある時代だけの限定ものではなく、主の教会が再臨の時まで向き合う普遍的な課題を示しているものです。

さらに一三章の恐ろしい描写から、一四章に進むと様子が一変します。そこには神の選びの民が勝利の歌声を上げる描写が描かれています。一三章の恐ろしい描写とは一転して、主の聖徒たちの勝利が語られる情景となります。一三章と一四章は、あまりにも様子が違うので一三章は苦難の時代を描き、一四章は勝利の時代を描いた、というように、違う時代を語っているという説明をするものもあります。しかしこも、同じ期間を違う角度から語っているものです。「物事は見かけとは違う」こと、霊的視座をもって地上の現実を見ることをあらゆる時代の教会に教えようとしています。

ヨハネの黙示録の全体がこのように、キリストの初臨から再臨までの同じ期間を、繰り返し、違う視点で語っています。ウィリアム・ヘンドリクセンはその著書『ヨハネ黙示録講解　勝ち得て余りあり』（聖恵授産所出版部、一九九九年）の中で、この黙示録の構造のことを、「発展的並行」と呼びます。

黙示録はすべて一章から二〇章まで、時系列順に配列されてはいません。むしろキリストの初臨から再臨までが繰り返し表現されています。何度も最終的な審判の描写が繰り返されているのはそのためです。また最後の二一章以降においては、それが突き抜けて、神の創造された世界が完成した後の、新しい天と地についてを語るという構造になっています。

二〇章の千年王国が、キリストの再臨の前か後か、いや千年王国などないのか、ということを巡って膨大な論議がなされていますが、これもこの全体構造から理解すると、やはり同じく、キリストの初臨から再臨までの、つまり私たちが生きているこの時代を含めてのあらゆる時代の主の教会がこの地上の苦難の現実の中で、忍耐をもって主のみこころに従おうとすることが「王として治めること」として語られているものです。「無千年王国」は、「無」という言葉から、そもそも千年王国そのものが存在しないかのような誤った印象を与える言葉ですが、黙示録が語るように千年の間、王として治めることは確かに存在します。しかしそれは、この世の王が治めるように聖徒たちが世の権力を帯びるという意味ではありません。今のこの世の現実は、教会は全く王としての権力を帯びていない、という批判があります。しかしこの王としての統治も、地上の権威のようなものではありません。主の御言葉に従う私たちの苦しめられ、時に殺される、そのような労苦に満ちた歩みは、やはりキリストの国の御言葉に従うキリストの王としての統治に、聖徒たちもまたキリストと共に与《あずか》っていることなのです。この地上において、いつも主に従おうとする私たちの歩みは、苦難続き、忍耐続き、挫折と後退を繰り返す、とても王としての支配には見えないように思われますが、御国の支配のために労苦し忍耐するそのような歩みは、まさにキリストと共に王として治める支配なのです。この王としての支配を、地上の王権のレベルで捕えることはできません。

このことは主の教会が与る御国の支配の性質とともに、その戦いと勝利の性質を現しているものです。黙示録一三章において、この世の視野から見れば、聖徒たちは殺され、打たれ、敗北しているようにしか見えません。それが、血肉の戦いであるなら、敗北なのですが、彼らが戦っている戦いは血肉のものではなく霊的な戦いです。死に至るまで主に忠実である、という主への服従が問われている戦いです。つまり彼らが殺されたということは、死に至るまで主に忠実であったということであり、これこそが霊的な戦いにおいて勝利したということです。

一三章七節で獣に打ち負かされ、剣で殺された聖徒たちの姿は、一二章一一節に「自分たちの証しのことばのゆえに竜に打ち勝った」勝利者の姿として描かれています。「彼らは死に至るまで自分のいのちを惜しまなかった」とあるとおり、主の名のゆえに殺された聖徒たちは打ち負かされた勝利者なのです。

Ⅱ　第二区分全体のメッセージ・天の御座

先の概略で語りましたように、第二区分（四～七章）が語っている中心は「天の御座」です。それは天国のことを語るのが目的ではなく、この地上のあらゆる歴史、あらゆる出来事が「天の御座の支配」にあることを教えているものです。つまり教会があらゆる時代の中で、世に憎まれ、御国の労苦に生きる現実に起こるすべてが、ただ「世に憎まれて起こった」というだけでは説明できないこと、「天の御座」から一切のことが計画され、起こされた神の王座から実行され、治められていることであることを語っています。

四章が語る御座の周りにある二十四の座と二十四人の長老（四節）は、神の御座から出る神の言葉による支配です（長老職の務めは、神のことばによる政治を行うことのモチーフ）。「信仰によって、私たちは、この世界が神のことばで造られたことを悟り、その結果、見えるものが、目に見えるものからできたのではないことを悟ります」（ヘブル一一章三節）のこの地上の現実の姿を指し示しています。

「御座の前は、水晶に似た、ガラスの海のようであった。そして、御座のあたり、御座の周りに、前もうしろも目で満ちた四つの生き物がいた」（黙示四章六節）とあるのは、神の御目の前には一切が、透き通って底まで見通せる海のように、すべてが露わであること。「前もうしろも目で満ちた四つの生き物」も、諸説ありながらも、一切を見通すだけではなく、一切をみこころに従って治められ、みこころを実行される「神の摂理の業」と理解できるものです。神の御言葉と神の摂理の御業は、この世界の歴史、あらゆる出来事において主の栄光を現しています。そして御言葉の支配と摂理の御業は、神を誉め称えて、主に栄光を帰し、この地上のあらゆる世界、歴史、出来事が、神のみこころに仕えていることを賛美しています。

「主よ、私たちの神よ。あなたこそ栄光と誉れと力を受けるにふさわしい方。あなたが万物を創造されました。みこころのゆえに、それらは存在し、また創造されたのです。」（四章一一節）

四章は、神の御座の支配の外にあるような出来事は、この世に何一つとして存在しないこと、御座から出る神の意思が、この宇宙の中心であるという、この世界の霊的な視座を語っています。黙示録の世界観は、地球中心でもなく太陽中心でもなく、人間中心でもない。物理的な出来事が織りなすすべての出来事が、「天の御座」から発し、この御座に帰することを明らかにしているものです。

続く五章は、この世界を治める御座に座す神の右の手にある巻物、封印を示します。そこには、「内側にも外側にも字が書かれていて、七つの封印で封じられていた」（一節）とあるように、この世界を統治する神のみこころが敷き詰められています。神の永遠の聖定は、神お一人以外に誰もその決定を知ることができないものです。しかし御言葉に現された神のみこころは、信仰をいただく教会に啓示され、表され、それは教会に受け止められるべきものとして示されます。「巻物を開き、封印を解くのにふさわしい者はだれか」（二節）の問いに対するただ一人の封印を解くことのできる者は、「ご覧なさい。ユダ族から出た獅子、ダビデの根が勝利したので、彼がその巻物を開き、七つの封印を解くことができます」（五節）と語られます。

ここにある封印を解くことのできる唯一の者は明らかにキリストですが、このキリストは最初、「ユダ族から出た獅子、ダビデの根」とあるダビデ契約の成就として、王権を持って世界を統治するにふさわしいライオンとして描かれます。ヤコブがその子どもたちに託した言葉が「王権はユダを離れず」（創世四九章一〇節）と預言されたとおりです。

しかし、王権を表すのにふさわしいライオンとして譬《たと》えられたキリストが、実際にその統治を行う姿は「屠《ほふ》られた姿で子羊が立っている」（黙示五章六節）姿であったとヨハネは語ります。王権をもって治めるのにふさわしい力に満ちたライオンではなく、そのまことの王の統治は「屠られた姿」で立っている子羊においてこそ表されたと語っています。

これは御国の統治というものは、この世の統治とは全く違う性質のものであること。むしろ「僕として仕える」ことにおいてまことの御国の支配と王権は表されるということを象徴的に表しているものです。

「そこで、イエスは彼らを呼び寄せて言われた。『あなたがたも知っているとおり、異邦人の支配者たちは人々に対して横柄にふるまい、偉い人たちは人々の上に権力をふるっています。あなたがたの間では、そうではあってはなりません。あなたがたの間で偉くなりたいと思う者は、皆に仕える者になりなさい。あなたがたの間で先頭に立ちたいと思う者は、皆のしもべになりなさい。人の子が、仕えられるためではなく仕えるために、また多くの人のための贖いの代価として、自分のいのちを与えるために来たのと、同じようにしなさい。』」

（マタイ二〇章二五～二八節）

御国の支配を行われる王であるキリストの統治が褒め称えられることにおいて、キリストがその封印を解かれて、御国の支配を治められるだけではなく、その御国の支配に、贖われた聖徒たち、地上の教会が与ることを、四つの生き物と二十四の長老は賛美しています。

「彼らは新しい歌を歌った。『あなたは、巻物を受け取り、封印を解くのにふさわしい方です。あなたは屠られて、すべての部族、言語、民族、国民《くにたみ》の中から、あなたの血によって人々を神のために贖い、私たちの神のために、彼らを王国とし、祭司とされました。彼らは地を治めるのです。』」

（黙示五章九～一〇節）

つまり、キリストの王権は、いつも地上の聖徒たちが、主のからだとしてその支配を行い、この世の「異邦人の支配者たちは人々に対して横柄にふるまい、偉い人たちは人々の上に権力をふるる」うとする支配に対して、屠られた子羊の足跡に従い「しもべとなり、仕える」という御国の支配を行うことを通して、この地上に御国の支配を王として治めると賛美していることを注目したいと思います。キリストが御国の支配を行うのはもちろんのこと、しかし、いつもキリストが父の右の座に座し、御国の統治をこの地上で王として行われる方法は、聖霊を送り、地上の聖徒たち、地上の教会によって、御国の支配を地でも行わせるという方法なのです。その支配はこの世の支配とは異なり、いつも主のみこころを「イエスにある苦難と御国と忍耐にあずかって」(一章九節)従うことに現されていきます。

キリストが「自らを低くして、死にまで、それも十字架の死にまで従われ」た(ピリピ二章八節)姿は、御国の権威を捨てられたかのようにこの世からは見えるのですが、実はこの屠られた子羊に御国の権威が十二分に現れています。「ユダヤ人にとってはつまずき、異邦人にとっては愚か」(Iコリント一章二三節)なキリストの十字架にこそ、キリストの誠の王としての権威と栄光が表されていたのに、この世の「支配」の目が堕落によって歪み、本来の「支配」からかけ離れて、正反対に歪んでしまったがゆえに、世の目からは支配を捨てたかのようにしか見えなかったのです。教会もまたこの本当の御国の支配の何たるかを理解するのは、時にこの世の価値観に毒されているため難しいのではないでしょうか。

しかし、あらためてヨハネは「屠られた子羊」として世を治められるキリストに驚き納得したように、この幻は、地上の教会が同じ「御国の支配」をキリストと共に王として治めるよう召されているのです。その支配は「屠られた子羊」の足跡に倣う支配であり、「人の子が、仕えられるためではなく仕えるために、また多くの人のための贖いの代価として、自分のいのちを与えるために来た」と語られたこの御国の支配に与る召しです。

この背景を確かめた上で、本章のテーマである六章において「イエスにある苦難と御国と忍耐とにあずか」る（黙示一章九節）、地上の教会が、御国の支配に与るために、訓練され、整えられ、完成を目指して成長するように導かれるキリストの教会を治められる支配が語られていくこととなるのです。

Ⅲ　六章における六つの封印、患難と迫害を経る教会

本章のテーマである六章にて、キリストによって封印が解かれていきます。キリストから解かれる七つの封印の多くは、患難を送るものでありますが、五章の背景からして、つねにそれはこの世に対するものではなく、御国の支配に与る教会に向けて解かれているものです。キリストの手によって解かれていく封印は、すべて教会に目を注ぎ、関心をおいて、教会に対して解き明かされていくものばかりです。しかもその内容の多くは、教会への迫害を中心に置いています。この世における災い以上に、教会への迫害と世から苦しめられる教会の苦悩を描いています。

しかし、これらがキリストの手から送られるという霊的視座における現実を六章は語り、それらは教会の益のために、つまりご自身の聖さに与らせるために訓練する父としてのみこころ（ヘブル一二章）に貫かれていることが語られています。六章が語る六つの封印を概観しましょう。

①　第一の封印「白い馬と冠」（一～二節）

「私は見た。すると見よ、白い馬がいた。それに乗っている者は弓を持っていた。彼は冠を与えら

れ、勝利の上にさらに勝利を得るために出て行った。」（黙示六章二節）

キリストは勝利を得るために、戦いに出て行きます。これはヨハネの黙示録の構造「並行関係」にあることからも、キリストの初臨から再臨に至るまですべての時において共通し行われていることです。しかもそのキリストの戦い、キリストが得る勝利は、地上の教会の戦いを通して行われるもの、得るものです。主のサタンの戦いにおける勝利は創世記三章一五節にあるように「女の子孫のサタンの子孫たちとの戦い」を通して完成します。続く第二から第四の馬における教会に対する迫害と苦難は、すべてキリストの戦いとして戦われています。

②第二の封印「赤い馬ともたらされる剣」

「子羊が第二の封印を解いたとき、私は、第二の生き物が『来なさい』と言うのを聞いた。すると別の、火のように赤い馬が出て来た。それに乗っている者は、地から平和を奪い取ることが許された。人々が互いに殺し合うようになるためである。また、彼に大きな剣が与えられた。」（同三～四節）

これは五章の背景から考えても、国と国の戦争、民族と民族の争いのことを語っているものではなく、主の教会に対する世の敵意と迫害のことであると考えられます。

「わたしが来たのは地上に平和をもたらすためだ、と思ってはいけません。わたしは、平和ではなく剣をもたらすために来ました。わたしは、人をその父に、娘をその母に、嫁をその姑に逆らわせるために来たのです。……そのようにして家の者たちがその人の敵となるのです。」

（マタイ一〇章三四～三六節）

「剣をもたらすために来たのです」と聞きますと、まるでイエス様が剣で人々に戦いを挑むと聞こえてしまいますが、そうではなく、今まで剣をさやに収めていた人々のほうが、イエス様が来ることによって、今まで収めていた剣を抜き始めると語っています。

マタイ一〇章三五～三六節では、その分裂の具体的な現れが、本来であれば最も親しい絆にまで及ぶと語っています。「わたしは、人をその父に、娘をその母に、嫁をその姑に逆らわせるために来たのです。そのようにして家の者たちがその人の敵となるのです。」

家族、肉親という本来であればもっとも固い絆にも、分裂はもたらされる、と語ります。ここで語られている主の言葉を注意して見れば、息子のほうが父親に逆らい、娘のほうが母親に逆らい、嫁のほうが姑に逆らっています。これは現代の親への反抗、嫁の姑への反抗のことではありません。当時のユダヤ社会は日本をはるかに勝る封建社会ですので、本来、子どもが親に逆らい、嫁が姑に逆らうなんていうことは、あり得ないことです。このユダヤの伝統や習慣に従っても、もっとも起こり得ないことが起こると言われています。ここの主の言葉で想定されているのは、反抗される父親、母親がクリスチャンであり、反抗される姑がクリスチャンという想定でしょう。クリスチャンは本来であれば最も敬われるべき息子からも娘からも嫁からも主の名のゆえに、主に従うという理由のゆえに憎まれる、と語っています。まさに家族の者までもが敵となると語られるとおりです。

六章が語る第二の赤い馬がもたらす剣も、主に従うがゆえに世からもたらされる剣と思われます。ちなみに六章四節で用いられる「剣」は戦争用の長い剣ではなく、子羊を屠る時に用いる小刀を表す「マカイラ」です。

③ 第三の封印・黒い馬・貧困に追い詰められる教会

「私は見た。すると見よ、黒い馬がいた。これに乗っている者は秤を手に持っていた。私は、一つの声のようなものが、四つの生き物の真ん中でこう言うのを聞いた。『小麦一コイニクスが一デナリ。大麦三コイニクスが一デナリ。オリーブ油とぶどう酒に害を与えてはいけない。』」

（黙示六章五〜六節）

一デナリは一日中働いて得る賃金です。しかし一日中働いて、手に入れることができる食糧が「小麦一コイニクス〔注・一コイニクスは約一リットル〕」「大麦三コイニクス」ですので、一日やっと食べていける分でしかありません。先の赤い馬によってもたらされる剣同様に、今度は主に従うがゆえに生活の術を奪われ、生きるのが難しい極度の貧困にまで追い詰められることを語っています。

黙示録一三章一七節に「また、その刻印を持っている者以外は、だれも物を売り買いできないようにした。刻印とは、あの獣の名、またはその名が表す数字である」とあるように、獣への礼拝を拒否した者は職を奪われ、生活ができない程に追い詰められ、極度の圧迫される状態になることを語っています。

もう一つ「オリーブ油とぶどう酒に害を与えてはいけない」の言葉は、命令法ではなく、間接法ですので、ここは「害を与えないために」とも翻訳できます。一部の人が飢えると同時に、他の一部の人々が極度の富を享受するようなことが許される、格差を語ったものと思われます。

④第四の封印・青ざめた馬、戦争・災害・疫病

「私は見た。すると見よ、青ざめた馬がいた。これに乗っている者の名は『死』で、よみがそれに従っていた。彼らに、地上の四分の一を支配して、剣と飢饉と死病と地の獣によって殺す権威が与えられた。」

（六章八節）

ここの「剣」は先の小刀の「マカイラ」ではなく、戦争用の長い剣「ロムパイア」です。よってここは、赤い馬とは違い、教会だけを標的に狙ったものではなく、もっと広範囲に影響を及ぼすもの、社会全体を巻き込み、国や地域全体を覆う性質のもの、まさに戦争、災害、死病であると思われます。

今まで、教会を標的にした攻撃が主に語られたのが、ここでは社会全般、全地域を覆う災害となったのは、神の子どもたちという少数者に対する圧迫・弾圧・非道は、必ず少数者だけには収まらなくなるということを表しているものです。少数者を排除し、抑圧する社会は、多数者に対しても同じように排除し抑

圧します。少数者の人権を守らない社会は多数者に対しても守りません。今まで教会だけを敵視してきた社会は、やがてその憎悪、敵意が社会全域に覆うようになること。そのようにして戦争は引き起こされるものです。また次に挙げられる飢饉も、必ずしも自然災害とは言えません。それは人間が自己中心によって地の収穫を刈り取るだけ刈り取り、木を切り倒し、資源を食い尽くし、その結果飢饉は、人災としてもたらされます。

疫病も同様ではないでしょうか。環境を破壊し続けた結果、本来、森や動物の生態系に収まっていたものが、その生態系を超えて人間社会に出てきます。その結果、他の生態系にウイルスは侵入し、人間社会に被害を及ぼします。これも自然がもたらしたものではなく、人間が自己中心のゆえにもたらしたもの、人災と言えます。これは、自然の呻きの現れです。ウイルスは神の創造の良き作品で、その生態系の中で確かな役割を果たしています。それが人によって破壊されることにより疫病をもたらし、多くの人を死に至らしめる結果となりました。獣の支配も、獣への礼拝を拒む者に対してだけにとどまらず、社会全域に混乱と死をもたらすものとなります。戦争はその最たるものです。

さてここにおいて注目するべきは、この六章の文脈は「天の御座」からすべて起こされて、地の全域に神のみこころを行うものだ、ということです。そしてそれは世の人に対する罪への警告という側面は第三区分の七つのラッパで語られることとなりますが、この第二区分においては、教会において働かれる御座の支配、特に地上の教会においてみこころを果たそうとされるキリストの御業を語っています。

戦争、災害、疫病は、教会だけにもたらされるものではありません。教会も含めて社会全域に災いをもたらします。もたらされるものは全く同じ、陥る状況も全く同じ。しかし、天の御座から教会に対してもたらされる目的はやはり世に対してのものとは、全く別なみこころがそこに込められているのではないでしょうか。

第三区分にあるような警告のラッパという神のみこころは確かにあります。しかしこの第二区分にある六章における神のみこころは、教会を通して、地上の聖徒たちを通して、御国の支配をこの地上に行わせるためにもたらされます。赤い馬を通してもたらされる教会に対する剣も、黒い馬が主の民にもたらす生活困窮も、主の教会が御国の支配にあずからせるために送られます。この御国の支配は一章九節が語るところの「イエスにある苦難と御国と忍耐とにあずか」ることを通して現れる支配です。

この世に対する警告と罪の悔い改めの呼びかけにおいて、もちろんこの世に生きる教会が潔白なわけではありませんので教会も率先して悔い改めを現すべきでしょう。しかし神のみこころはそれだけではありません。ご自身の子を訓練し、神は愛する子に訓練を施すため。ご自身の教会を練り清め、よりいっそう御国の支配に与り、キリストとともに世の罪に泣き、キリストが痛むものに共に痛み、キリストが戦うものとともに戦う、主の御身体へと成長するよう訓練し育てるのが目的です。

ヘブル人への手紙一二章二～一三節を引用します。

「信仰の創始者であり完成者であるイエスから、目を離さないでいなさい。この方は、ご自分の前に置かれた喜びのために、辱めをものともせずに十字架を忍び、神の御座の右に着座されたのです。あなたがたは、罪人たちの、ご自分に対するこのような反抗を耐え忍ばれた方のことを考えなさい。あなたがたの心が元気を失い、疲れ果ててしまわないようにするためです。あなたがたは、罪と戦って、まだ血を流すまで抵抗したことがありません。そして、あなたがたに向かって子どもたちに対するように語られた、この励ましのことばを忘れています。

『わが子よ、主の訓練を軽んじてはならない。
主に叱られて気落ちしてはならない。
主はその愛する者を訓練し、
受け入れるすべての子に、
むちを加えられるのだから。』

訓練として耐え忍びなさい。神はあなたがたを子として扱っておられるのです。父が訓練しない子がいるでしょうか。もしあなたがたが、すべての子が受けている訓練を受けていないとしたら、私生児であって、本当の子ではありません。さらに、私たちには肉の父がいて、私たちを訓練しましたが、私たちはその父たちを尊敬していました。それなら、なおのこと、私たちは霊の父に服従して生きるべきではないでしょうか。肉の父はわずかの間、自分が良いと思うことにしたがって私たちを訓練しましたが、霊の父は私たちの益のために、私たちをご自分の聖さにあずからせようとして訓練されるのです。すべての訓練は、そのときは喜ばしいものではなく、かえって苦しく思われるものですが、後になると、これによって鍛えられた人々に、義という平安の実を結ばせます。ですから、弱った手と衰えた膝をまっすぐにしなさい。また、あなたがたは自分の足のために、まっすぐな道を作りなさい。足の不自由な人が踏み外すことなく、むしろ癒やされるためです。」

本章は疫病と教会の使命がテーマですが、世に対して疫病を送る神のみこころと、教会に疫病を送る神のみこころにはやはり大きく違うものがあるように思います。それは五章で確認したように御国の支配をこの世においてあずからせるというみこころです。御国の支配とは「皆に仕え、しもべとなる」という支配です。世界が災害や疫病に覆われ、死がもたらされる災難の中で、なおも主に仕える支配をこの世において現し、人々に仕える奉仕に生きる務めが、世に生きる教会に求められているのは確かなことではないでしょうか。

青ざめた馬がもたらすものは「これに乗っている者の名は『死』で、よみがそれに従っていた」とあるように「死」が差し迫る災難の中で、教会もまた同じように死の現実に巻き込まれます。しかしここに「よみがそれに従っていた」とある「よみ」は必ずしも永遠の滅び、地獄の意味ではありません、地上の死を迎えて、死者の世界に行くことを語っています。これに対して教会だけが死の現実の中で次の主のことばによって死に対して確信を持つことが出来るのではないでしょうか。

「まことに、まことに、あなたがたに言います。わたしのことばを聞いて、わたしを遣わされた方を信じる者は、永遠のいのちを持ち、さばきにあうことがなく、死からいのちに移っています。」

（ヨハネ五章二四節）

死の現実の中で、同じく死の現実に生き、しかし同時に死を恐れずに神に奉仕する。これはこの地上にあって教会だけが持つ特権ではないでしょうか。ヨハネの黙示録二〇章六節にて地上の教会がこの地上を千年の間、王として治めるその支配の中で次のように語られています。

「この第一の復活にあずかる者は幸いな者、聖なる者である。この人々に対して、第二の死は何の力も持っていない。彼らは神とキリストの祭司となり、キリストとともに千年の間、王として治める。」

第一の復活とは信仰による新しい新生。第二の復活とはキリストがもう一度来たりたもう時の復活。第一の死とは、肉体の死、地上のいのちの終わり。第二の死は、永遠の滅びです。この第二の死は第一の復活、つまり回心と新生に与った者には何の力ももたないと語っています。

「『死よ、おまえの勝利はどこにあるのか。死よ、おまえのとげはどこにあるのか。』死のとげは罪であり、罪の力は律法です。しかし、神に感謝します。神は、私たちの主イエス・キリストによって、私たちに勝利を与えてくださいました。ですから、私の愛する兄弟たち。堅く立って、動かされることなく、いつも主のわざに励みなさい。あなたがたは、自分たちの労苦が主にあって無駄でないことを知っているのですから。」

（Ⅰコリント一五章五五～五八節）

主にある信頼と希望をもって主に仕え世に仕え、人に仕える奉仕は、死の現実の最中にも豊かに教会だけが表すことができるこの世にあってなせる御国の支配ではないでしょうか。

以上、白い馬から青ざめた馬まで主の教会がこの世にあって受ける患難と苦難が語られましたが、いずれもそれは白い馬に乗られ冠を戴くキリストが勝利を得るために行う御業です。その勝利は、この地上に生きる聖徒たちである教会がこの世の患難の中で練りきよめられ、聖い傷のない教会として整えられることを通して成し遂げられるものです。それらはすべて主の御座から行われるものに他なりません。この苦難の中でよりいっそう、主が共におられることを知り、主の民であることを確かめ、いつも身近に、折に適った助けを与えられる主を、私たちはよりいっそう覚える者へと導かれるのではないでしょうか。

「義のために迫害されている者は幸いです。天の御国はその人たちのものだからです。わたしのために人々があなたがたをののしり、迫害し、ありもしないことで悪口を浴びせるとき、あなたがたは幸いです。喜びなさい。大いに喜びなさい。天においてあなたがたの報いは大きいのですから。あなたがたより前にいた預言者たちを、人々は同じように迫害したのです。」（マタイ五章一〇～一二節）

⑤ 第五の封印　殉教者の叫び

「子羊が第五の封印を解いたとき、私は、神のことばと、自分たちが立てた証しのゆえに殺された者たちのたましいが、祭壇の下にいるのを見た。彼らは大声で叫んだ。『聖なるまことの主よ。いつまでさばきを行わず、地に住む者たちに私たちの血の復讐をなさらないのですか。』すると、彼ら一人ひとりに白い衣が与えられた。そして、彼らのしもべ仲間で、彼らと同じように殺されようとしている兄弟たちの数が満ちるまで、もうしばらくの間、休んでいるように言い渡された。」

（黙示六章九～一一節）

ここで殉教者たちの魂が祭壇の下にいる、とあります。祭壇は会見の天幕にあって、至聖所を仕切る垂れ幕の前にある香を燃やす祭壇です。そこから燃えて上る煙が、聖徒たちの祈りとしてかぐわしい香として神の前に登ります。つまり祭壇で表される者は聖徒たちの神への祈りです。

殉教者たちの祈りは聞かれていないわけではありません。むしろその祈りは神の御前に蓄えられて、主の答えが動き出す時を待つばかりになっていた、ということです。主は「彼らと同じように殺されようとしている兄弟たちの数が満ちるまで、もうしばらくの間」とありますように、殺された主の僕たちは、神の手が届かなかったから殺されたのではありません。その人数もすべて主の御前に定められていたのです。御国の労苦に与った彼らこそが、御国の支配を王として治めた者たちだったのではないでしょうか。

⑥第六の封印　最後の審判

先に殉教した聖徒たちの死においては「白い衣」が備えられたのに対して、最後の審判は神の御怒りが満ちる死、まさに第二の死、永遠の滅びです。この御怒りに耐えられる者は無く、この御怒りは、第一の復活を経た者を過ぎ越すのです。

「この人々に対して、第二の死は何の力も持っていない。彼らは神とキリストの祭司となり、キリストとともに千年の間、王として治める。」

（二〇章六節）

Ⅳ　結語　父の右の座に就かれたイエス

ヘブル人への手紙は、苦難と試練にある主の民に、主の懲らしめを軽んじてはならない、と語る時に、父の御座の右に着かれたキリストについて何度も語りました。一二章二節においても同様でした。この父の御座の右に着かれたキリストこそが「神を愛する人たち、すなわち、神のご計画にしたがって召された人たちのためには、すべてのことがともに働いて益」としてくださる（ローマ八章二八節）お方です。すべてのことがこの御座から出て、主の教会を聖い傷のない栄光の教会として築きあげ、育てあげてくださいます。ですから恐れることなくいつも主の道に励むようにと、黙示録は六章全体を通じて語っています。


「それだけではなく、苦難さえも喜んでいます。それは、苦難が忍耐を生み出し、忍耐が練られた品性を生み出し、練られた品性が希望を生み出すと、私たちは知っているからです。この希望は失望に終わることがありません。なぜなら、私たちに与えられた聖霊によって、神の愛が私たちの心に注がれているからです。」

（ローマ五章三～五節）

「兄弟たちは、子羊の血と、自分たちの証しのことばのゆえに、竜に打ち勝った。彼らは死に至るまでも自分のいのちを惜しまなかった。それゆえ、天とそこに住む者たちよ、喜べ。しかし、地と海はわざわいだ。悪魔が自分の時が短いことを知って激しく憤り、おまえたちのところへ下ったからだ。」

（ヨハネの黙示録一二章一一～一二節）

1857年、ローマのパラティーノの丘から「ドムス・ゲロティアナ」という建物が発掘された時、その建物の一室でこの落書きの絵が発見された。この建物はローマ皇帝カリギュラが宮殿にするために手に入れた家で、カリギュラの死後、宮廷の使用人のための寄宿学校として2～3世紀に使われていた。

その後、建物の上の区画を拡張するために、建物は通りごと壁で仕切られ、何世紀も封印されたままになっていた。

落書きには「アレクサメノスは神を拝む」の文字が添えられ、クリスチャンであったアレクサメノスは十字架に付けられたようなロバ（愚か者）を神として礼拝している、と嘲った落書きと思われる。

著者紹介

野寺博文（のでら・ひろふみ）
1962年、北海道に生まれる。日本同盟基督教団赤羽聖書教会牧師。

金道均（キム・ドギュン）
1987年、韓国釜山に生まれる。日本同盟基督教団塩尻聖書教会伝道師。

星出卓也（ほしで・たくや）
1966年、埼玉県に生まれる。日本長老教会西武柳沢キリスト教会牧師。

教会と疫病 パンデミック下で問われたこと

2023年9月1日　発行

著　者　野寺博文・金道均・星出卓也
編　者　信州夏期宣教講座
発　行　いのちのことば社
〒164-0001 東京都中野区中野2-1-5
電話 03-5341-6924（編集）
03-5341-6920（営業）
FAX03-5341-6921
e-mail:support@wlpm.or.jp
http://www.wlpm.or.jp/

ISBN978-4-264-04443-7